船体各部位名称图

主　编　刘雪梅
副主编　王璐璐

哈尔滨工程大学出版社

内容简介

本书从三方面重点介绍了船体各部位名称。一是主船体基本结构名称(第一章);二是各种船舶各部分名称(第二章至第五章);三是船舶舾装设备名称(第六章)。编写形式以图为主,并附有简单的文字说明,内容全面、直观、易懂。

本书可供相关工作人员及有兴趣爱好者参考阅读。

图书在版编目(CIP)数据

船体各部位名称图/刘雪梅主编. —哈尔滨:哈尔滨工程大学出版社, 2011.5
ISBN 978-7-5661-0125-9

Ⅰ. ①船… Ⅱ. ①刘… Ⅲ. ①船体结构—图集 Ⅳ. ①U663-64
中国版本图书馆 CIP 数据核字(2011)第 088030 号

出版发行 哈尔滨工程大学出版社
社　　址 哈尔滨市南岗区东大直街 124 号
邮政编码 150001
发行电话 0451-82519328
传　　真 0451-82519699
经　　销 新华书店
印　　刷 哈尔滨市石桥印务有限公司
开　　本 787mm×1 092mm 1/16
印　　张 6.5
字　　数 162 千字
版　　次 2011 年 6 月第 1 版
印　　次 2011 年 6 月第 1 次印刷
定　　价 30.00 元
http://press.hrbeu.edu.cn
E-mail:heupress@hrbeu.edu.cn

前　言

本书围绕对船体各部位的认识展开，以图为主，内容全面、直观、易懂。

全书共六章，从三方面重点介绍了船体各部位名称。一是主船体基本结构名称（第一章），包括船底结构、舷侧结构、甲板结构、舱壁结构、环形总段结构、艏艉段结构；二是各种船舶各部分名称（第二章至第五章），包括各种民用运输船舶、军用船舶、工作船及渔船；三是船舶舾装设备名称（第六章），包括螺旋桨、舵设备、锚设备、救生设备、起货设备、舱口盖等。

本书的第一章、第二章由渤海船舶职业学院王璐璐老师编写，第三章、第四章由渤海船舶职业学院卢馨老师编写，绪论、第五章、第六章由渤海船舶职业学院刘雪梅老师编写。全书由刘雪梅教授担任主编，王璐璐讲师担任副主编。最后由王璐璐老师对全书统一进行图面处理，刘雪梅老师进行全书的最后统稿。

本书在编写过程中得到了不少专家、教授、师傅特别是渤海船舶职业学院的李忠林老师和刁玉峰老师的帮助和支持，在这里向他们致以深切的谢意。另外，本书在编写过程中，由于各方面条件的限制，借鉴了其他一些专业教材、《现代舰船杂志》《舰船知识杂志》等杂志、上海船厂－镇江船院联合录制的《船体结构教学录像片》(1987)及上海海事大学教学片、网络上的有益内容，在此表示诚挚的感谢。

同时由于编者水平有限，书中有些问题可能考虑不周，疏漏与错误之处也在所难免，竭诚欢迎读者批评指正，从而使本教材得到改进和完善。

编　者

2011 年 1 月 1 日

目　录

绪　论

船舶是一种浮动的水上工程建筑物，船体不仅要承受货物与机器及设备的重力、水的压力、风浪的冲击力等外力作用，同时它还必须具备可靠的水密性和足够的坚固性。

在船舶发展过程中，船体结构在其所用的材料、构件的连接方法等方面，曾有几次重大的变革。最早的船是独木舟结构，后来发展到用木板和梁材组合的结构。18 世纪随着冶金工业、机械制造业的发展，开始出现铁质和铁木混合结构的船舶。19 世纪后半期，进一步开始采用低碳钢来造船，钢质结构的船舶便逐渐替代了木船、铁质船和铁木混合结构船，钢材便成为造船的主要材料。近几十年来，随着船舶尺度的加大，开始采用高强度钢造船，使结构构件尺寸减小，从而减轻了结构质量，钢材的应用使造船技术发生了一次飞跃。

从 20 世纪 30 年代开始，焊接造船代替了铆接造船。与铆接相比，焊接能使船体结构更完整、更紧密、质量更轻。目前钢船都采用焊接方式建造。

船舶是人们从事水上交通运输和水上作业的主要工具，随着人类社会的发展以及科学的进步，现在船舶的数目庞大，种类繁多。因此，船舶分类的方法也有很多。

船舶按航行区域可分为海船（沿海、近海、远洋）、港湾船和内河船；按航行状态可分为排水型船、潜艇、滑行艇、水翼艇、冲翼艇和气垫船；按航行方式可分为自航船和非自航船；按推进动力可分为蒸汽机船、内燃机船、燃气轮机船、电力推进船和核动力船；按推进器可分为螺旋桨船、喷水推进器船、空气螺旋桨推进船、平旋推进器船、明轮船和风帆助航船；按船体材料可分为钢船、木船、水泥船、铝合金船和玻璃钢船等。

通常按船舶用途来分类，大致可分为如下几种：

运输船——包括客船、客货船、渡船、杂货船、集装箱船、滚装船、载驳船、驳船、冷藏船、运木船、散货船、油船、化学品船、液化气船等。

工程船——包括挖泥船、起重船、布设船、救捞船、破冰船、打桩船、浮船坞、海洋开发船、钻井船、钻井平台等。

渔业船——包括网渔船、钓渔船、渔业指导船、调查船、渔业加工船、捕鲸船等。

港务船——包括拖船、引航船、消防船、供应船、交通船和助航工作船等。

海洋调查船——包括海洋综合调查船、海洋专业（水文、地质、生物）调查船、深潜器等。

战斗舰艇——包括航空母舰、巡洋舰、驱逐舰、护卫舰、布雷舰、扫雷舰艇、登陆舰艇、潜艇、猎潜艇和各种快艇等。

辅助舰艇——包括补给舰、修理船、训练舰、消磁船、医院船等。

船体结构的型式依据船舶的类型而定,不同的船有不同的结构型式,但基本组成结构大致相同。通常,船体大致可分为主船体(Hull)和上层建筑(Superstructure)两部分。主船体部分有船首(Stem)、船中(Midship)、船尾(Stern);上层建筑部分有艏楼(Forecastle)、桥楼(Bridge)、艉楼(Poop)及甲板室(Deck House)。主船体是船体结构的主要部分,是由船底(Ship Bottom)、舷侧(Ship Side)、上甲板(Upper Deck)围成的水密的空心结构。其内部空间又由水平布置的下甲板(Lower Deck)、沿船宽方向垂直布置的横舱壁(Transverse Bulkhead)和沿船长方向垂直布置的纵舱壁(Longitudinal Bulkhead)分隔成许多舱室。船舶上通常有船舱、机舱、艏尖舱和艉尖舱等舱室。艏、艉段的横舱壁也叫艏尖舱舱壁(Forepeak Bulkhead,或防撞舱壁)和艉尖舱舱壁(Afterpeak Bulkhead)。图 0-1 所示为某船体的基本构成。

船舶要完成预期的使命,还必须将各种船用设备、仪器、装置和设施安装到船上,这一工艺阶段称为船舶舾装。船舶舾装名目繁多,但按功能可分为以下 10 大类:

机舱设备——船上产生动力用的各种设备和附属设施(即动力装置),包括主机、轴系装置及各种辅机、锅炉、箱柜等。

航海设备——船舶航海用的各种设备,包括各种航海仪器,通信设备以及声、光、旗等信号装置。

舵设备——船舶操纵用的设备,包括舵叶、舵轴、舵柄、舵机和转舵机构等。

锚设备——船舶在锚地停泊时用的设备,包括锚机、锚链、掣链器、导链轮、弃链器、锚链管和锚等。

系泊与拖曳设备——船舶在泊位停泊和在航行中拖带用的设备,包括导缆孔、导缆器、带缆桩、卷车、绞车等系泊设备和拖钩、弓架、承梁、拖缆孔、拖柱、拖缆绞车等拖曳设备。

起货设备——船舶装卸货物用的设备,包括起货机、桅杆、吊杆、钢索、滑车、吊钩等。

通道与关闭设备——船上通道和通孔启闭用的设备,包括梯、栏杆、门窗、人孔盖、舱口盖和货舱盖等。

舱室设备——船员生活用的各种设备,包括家具、卫生用具、厨房设备、冷库设备和空调装置等。

救生设备——船舶在海难中救生用的设备,包括救生艇、吊艇架、起艇机、救生筏、救生圈和救生衣等。

消防设备——船上发生火警时报警和灭火用的设备,包括报警装置、自动喷水灭火系统、消防水龙、灭火器和消防杂件等。

此外还有船舶特种设备,如横向侧推装置、防摇鳍、滚装跳板等。

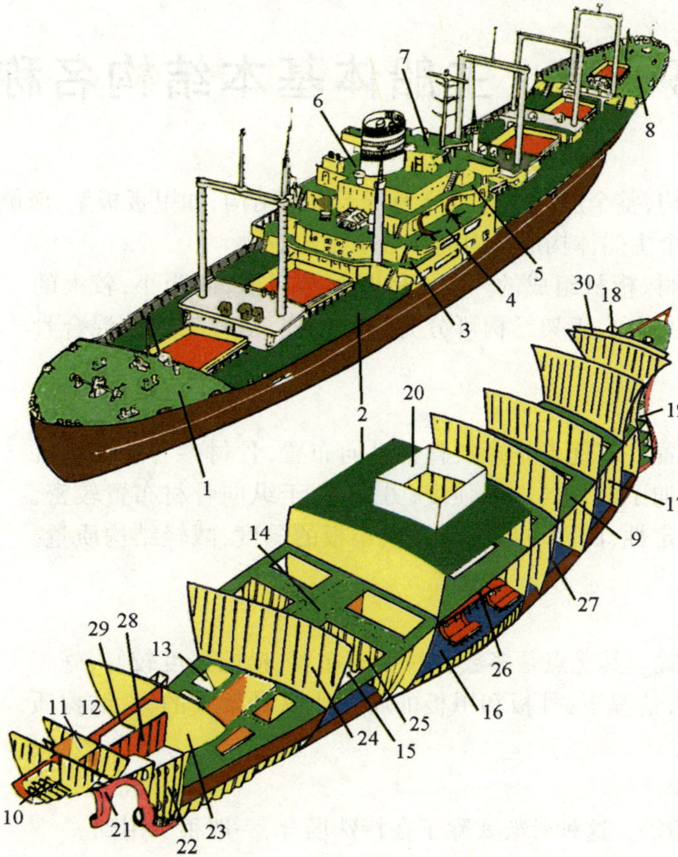

图 0－1　船体的基本构成

1—艉楼甲板；2—上甲板；3—桥楼甲板；4—艇甲板；5—起居甲板；6—驾驶甲板；7—罗经甲板；8—艏楼甲板；9—下甲板；10—舵机舱；11—舵杆管；12—艉尖舱；13—翼柜；14—轴隧；15—深舱；16—机舱；17—货舱；18—锚链舱；19—艏尖舱；20—机舱棚围壁；21—艉柱；22—升高肋板；23—艉尖舱壁；24—水密舱壁；25—槽形舱壁；26—基座；27—内底；28—中纵舱壁；29—甲板纵桁；30—防撞舱壁

第一章　主船体基本结构名称

船体是由钢板和骨架组成的长箱形结构，整个船的主体可分为若干板架结构，如甲板板架、舷侧板架、船底板架和舱壁板架等，如图1－1所示。各个板架相互连接，相互支持，使整个主船体构成坚固的空心水密建筑物。

板架结构通常是由板和纵横交叉的骨材、桁材组成的。较小的骨材数目多，间距小；较大的桁材数目少，间距大。根据较小骨材布置的方向，板架结构可分为纵骨架式、横骨架式和混合骨架式三种类型。

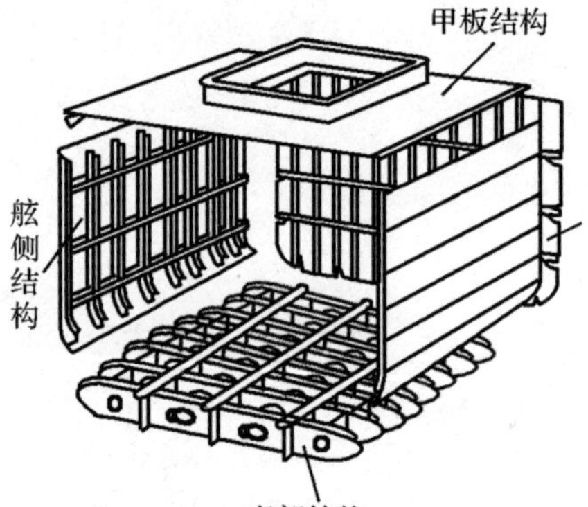

图1－1　组成主船体的板架结构图

1．纵骨架式

数目多而间距小的骨材沿船长方向布置。其优点是多数骨材纵向布置，骨材参与船梁抵抗纵向弯曲，提高了船梁的纵向抗弯能力，增加了船体的总纵强度；另外，由于纵向骨材布置较密，可以提高板在总纵弯曲压缩力作用时的稳定性，因而可以相应地减小板的厚度，减轻结构质量。缺点是施工比较麻烦。

2．横骨架式

数目多而间距小的骨材沿船宽方向布置。其优点是多数骨材横向布置，横向强度较好，施工比较方便，建造成本低。缺点是在同样受力情况下，外板和甲板的厚度比纵骨架式的大，结构质量较大。

3．混合骨架式

纵横方向的骨材相差不多，间距接近相等。这种骨架式除了在特殊场合，一般很少用到。

第一节　船底结构

船底可分为单层底和双层底，按骨架型式又可分为横骨架式和纵骨架式。船底位于船体的最下部，是保证船体总纵强度和局部强度的重要板架结构。

一、单层底结构

单层底结构只有一层船底板，结构简单，施工方便，但抗沉性差。多用于小型舰艇、小型民用船舶及民用船的艏艉端。

1. 横骨架式单层底结构

横骨架式单层底结构由船底板、内龙骨和肋板组成，如图 1－2 所示。横骨架式单层底结构的特点是结构简单、建造方便，主要用于拖船、渔船、内河船等小型船舶上。

2. 纵骨架式单层底结构

纵骨架式单层底结构由船底板、内龙骨、肋板和数量较多的船底纵骨组成，如图 1－3 所示。纵骨架式单层底结构纵向强度好、结构质量轻，但工艺较复杂，常用于小型舰艇等。

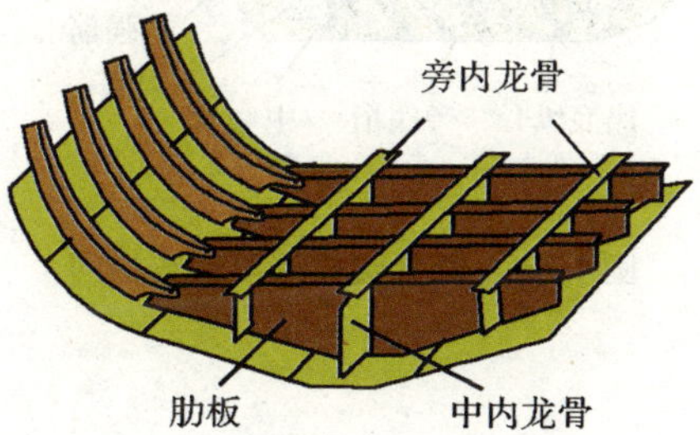

图 1－2　横骨架式单层底结构图

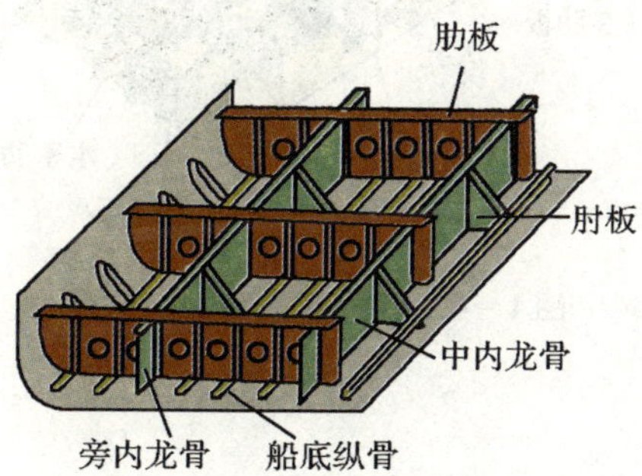

图 1－3　纵骨架式单层底结构图

二、双层底结构

双层底除了船底板外，还有一层内底板。当船底在触礁和搁浅等意外情况下遭到破损时，双层底能保证船舶的安全。双层底舱的空间可装载燃油、润滑油和淡水，或用作压载水舱。海船从艏尖舱舱壁到艉尖舱舱壁都采用双层底，小型舰艇和内河船仅在机舱等局部区域采用双层底。

1．横骨架式双层底结构

横骨架式双层底结构由外底板、内底板、底纵桁和各种型式的肋板组成，如图1－4所示。

2．纵骨架式双层底结构

纵骨架式双层底结构是由外底板、内底板、内外底纵骨、底纵桁和各种型式的肋板组成，如图1－5所示。

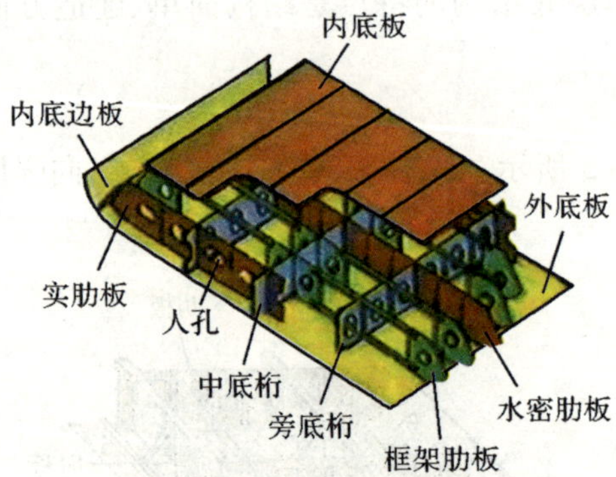

图1－4　横骨架式双层底结构图

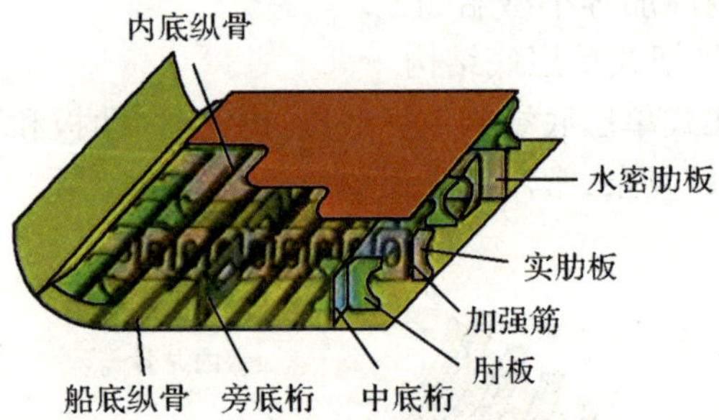

图1－5　纵骨架式双层底结构图

第二节 舷侧结构

舷侧可分为单层舷侧、双层舷侧和多层舷侧。按骨架型式，舷侧结构可分为纵骨架式和横骨架式。民用船大多采用横骨架式舷侧结构，但双壳油船舷侧基本上均为纵骨架式。单层舷侧只有一层舷侧外板，一般船舶都采用此种型式；双层舷侧除了舷侧外板外，还有一层内壳板，这种型式主要用于甲板大开口的船（如集装箱船和分节驳）及现代大型油船；此外，大型军舰的机炉舱等重要舱位也有做成双层壳或多层壳的舷侧结构。

一、横骨架式单层舷侧结构

横骨架式单层舷侧结构由舷侧外板、舷侧纵桁和各种型式的肋骨组成，如图 1－6 所示。

二、纵骨架式单层舷侧结构

纵骨架式单层舷侧结构由舷侧外板、舷侧纵桁、舷侧纵骨和强肋骨组成，如图 1－7 所示。

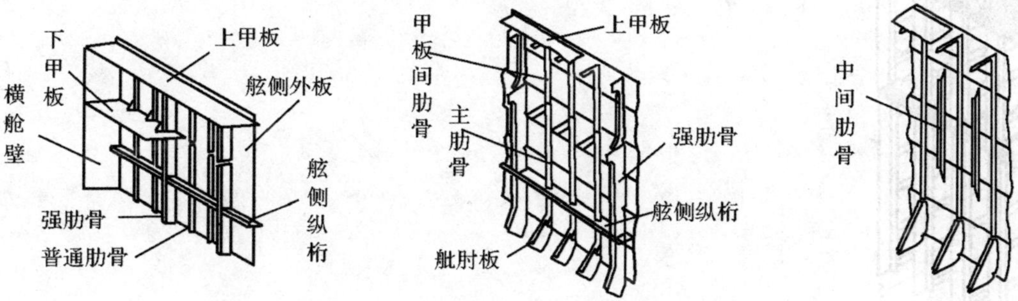

图 1－6 横骨架式单层舷侧结构图

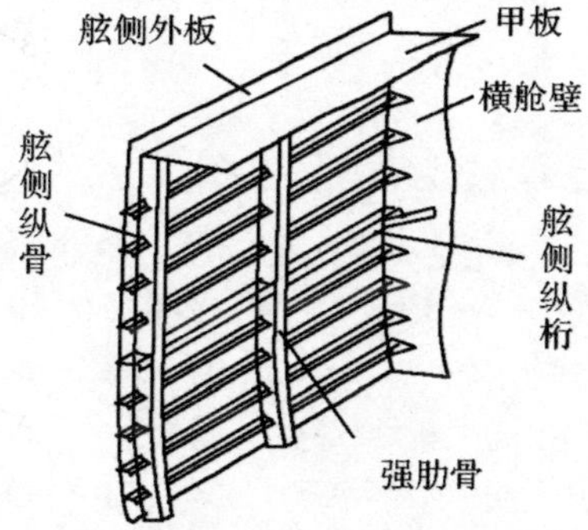

图 1－7 纵骨架式单层舷侧结构图

三、横骨架式双层舷侧结构

横骨架式双层舷侧结构由舷侧外板、纵舱壁（内壳板）、横隔板和平台组成，如图 1－8 所示。其中顶边舱部分是纵骨架式，每隔 3～6 个肋位设一道横向桁板（或称横框架）加强。

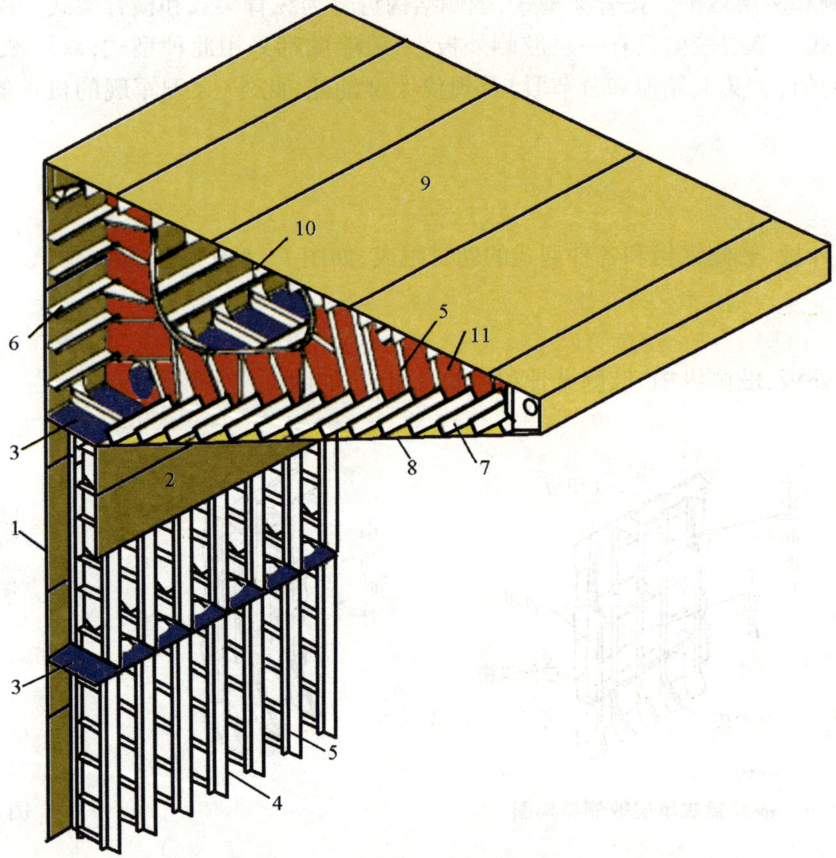

图 1－8　横骨架式双层舷侧结构图

1—舷侧外板；2—内壳纵壁；3—平台；4—强肋骨（开孔横隔板）；5—加强筋；6—舷侧纵骨；7—斜底板纵骨；8—斜底板；9—甲板；10—甲板纵骨；11—横框架

四、纵骨架式双层舷侧结构

纵骨架式双层舷侧结构由舷侧外板、纵舱壁(内壳板)、横隔板、平台和纵骨组成,如图 1-9 所示。纵骨分为舷侧纵骨和内壳板纵骨。

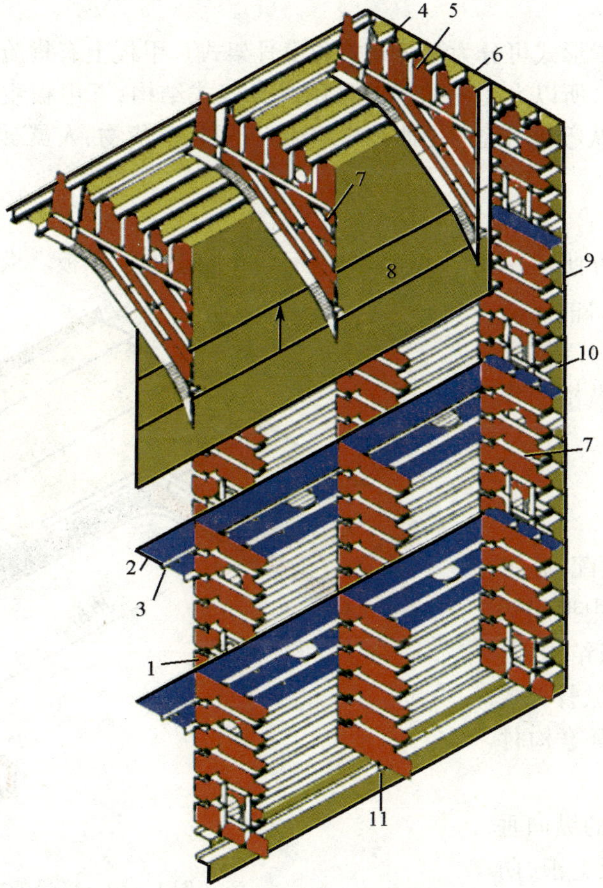

图 1-9　纵骨架式双层舷侧结构图

1—非水密横隔板;2—平台;3—加强筋;4—甲板纵骨;5—强横梁;6—上甲板;7—加强筋;8—内壳板;9—舷侧外板;10—舷侧纵骨;11—水密横隔板

第三节　甲板结构

甲板大部分是单层板架结构，按骨架设置形式可分为纵骨架式和横骨架式。甲板上有货舱口、机舱口等大开口及相关的建筑，结构比较复杂。连续的上甲板主要承受总纵弯曲应力，所以大型船舶普遍采用纵骨架式结构；下甲板主要承受横向载荷，因此大多采用横骨架式结构。作用在甲板骨架上的力主要有：船体总纵弯曲引起的拉伸和压缩应力；甲板上货物、人员、设备及涌上甲板的波浪等横向载荷。

一、横骨架式甲板结构

横骨架式甲板结构的横向强度好，制造方便，适用于小型船舶、内河船及船舶的下甲板。横骨架式甲板骨架由横梁和甲板纵桁等构件组成，如图 1－10 所示。舱口端横梁是位于舱口前后两端的强横梁。舱口纵桁是位于舱口两边舱口端横梁之间的那段甲板纵桁。舱口端横梁和舱口纵桁的作用是增加舱口处的强度。

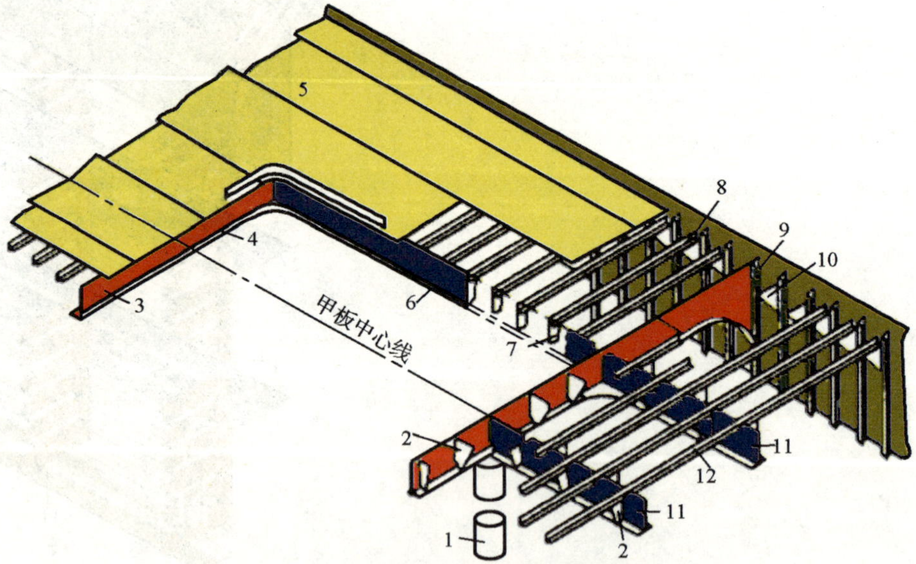

图 1－10　横骨架式甲板(下甲板)结构图

1—支柱；2—防倾肘板；3—舱口端横梁；4—圆钢；5—甲板；6—舱口纵桁；7—肘板；8—半梁；9—主肋骨；10—梁肘板；11—甲板纵桁；12—横梁

二、纵骨架式甲板结构

纵骨架式甲板结构的纵向强度好，但装配、施工比较麻烦，主要用于总纵强度要求较高的大中型船舶的上甲板。图 1－11 所示为纵骨架式上甲板结构，其中，舱口之间的甲板仍采用横骨架式结构。纵骨架式甲板骨架由甲板纵骨、甲板纵桁和强横梁等构件组成。

舷墙(Bulwark)是安装在露天甲板舷边的纵向垂直板材。其作用是保障人员安全，减少甲板上浪，防止甲板物品滚落海中。露天甲板、上层建筑及甲板室甲板的露天部分均应装设舷墙和栏杆。舷墙结构主要由垂直的舷墙板、舷墙板上缘的水平特制型钢和扶强肘板组成。

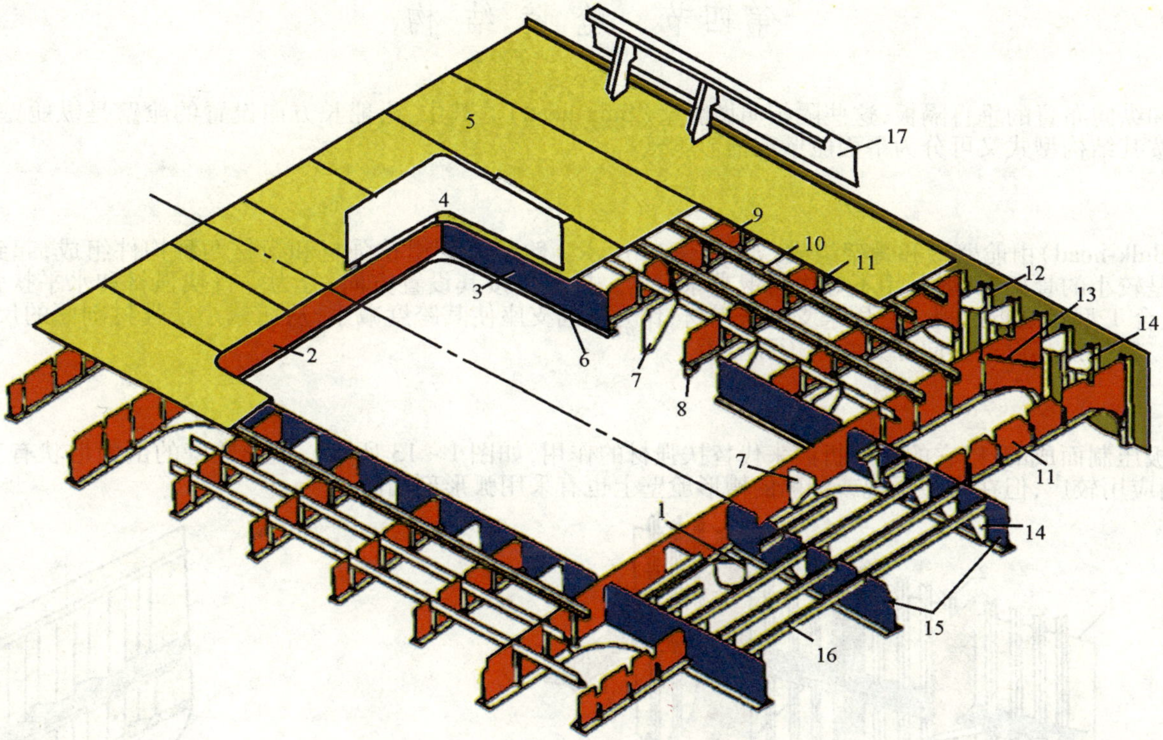

图1-11　纵骨架式甲板(上甲板)结构图

1—管形支柱;2—舱口端横梁;3—舱口纵桁;4—舱口围板;5—上甲板;6—圆钢;7—防倾肘板;8—小肘板;9—强横梁;10—甲板纵骨;11—加强筋;12—主肋骨;13—斜置加强筋;14—肘板;15—甲板纵桁;16—横梁;17—舷墙

第四节 舱壁结构

船上有许多横向和纵向布置的垂直隔板，这些隔板叫做舱壁(Bulk-head)。其中，沿船长方向设置的舱壁是纵舱壁，沿船宽方向设置的舱壁是横舱壁。舱壁按其结构型式又可分为平面舱壁和槽形舱壁。

一、平面舱壁

平面舱壁(Plane Bulk-head)由舱壁板和骨架组成，如图1-12所示。舱壁骨架由扶强材和桁材两种构件组成，起到增加舱壁板强度和刚性的作用。扶强材是较小的骨架，一般采用不等边角钢或球扁钢。扶强材按其设置方向，分为垂直扶强材和水平扶强材两种。桁材是较大的骨架，一般采用组合T型材或折边板。它用来支持扶强材，作为中间支座使其跨度减小，从而减小扶强材剖面的尺寸，一般仅设在深舱或油船的纵横舱壁上。桁材按其设置方向分为水平桁和竖桁。

二、槽形舱壁

槽形舱壁是由钢板压制而成的，以它的槽形折曲来代替扶强材的作用，如图1-13所示。槽形舱壁的剖面形状有三角形、矩形、梯形和弧形。其中，梯形剖面应用较广，但在大型军舰或油船的槽形舱壁上也有采用弧形剖面的。

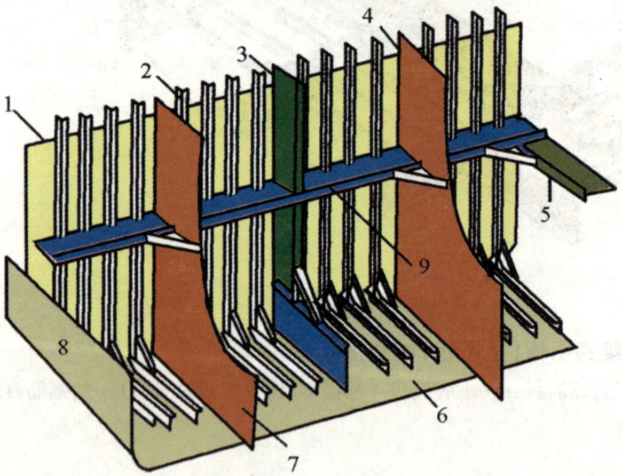

图1-12 平面舱壁图

1—横舱壁板；2—垂直扶强材；3—竖桁；4—纵舱壁；5—舷侧纵桁；6—船底板；7—纵舱壁；8—舷侧外板；9—水平桁

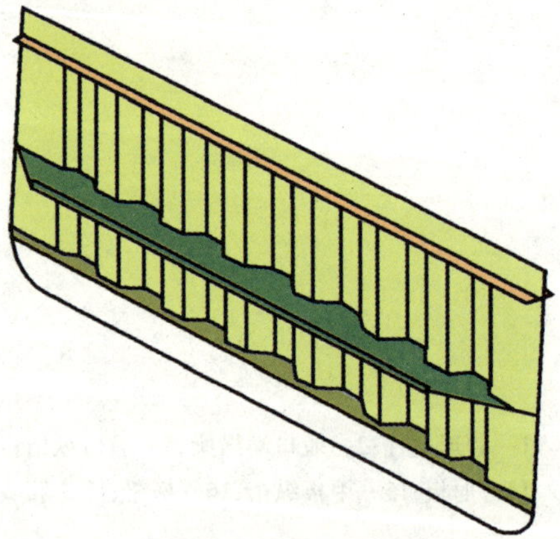

图1-13 槽形舱壁结构图

第五节　环形总段结构

总段是指主船体沿船长方向划分的占全船一定长度的环形封闭立体段，由底部分段、舷侧分段、甲板分段以及舱壁分段组成。由于船体左、右舷对称，一般只表示其中一舷结构。

一、客船结构

客船的特点是甲板层数多，房舱多，围壁多，甲板两旁及房舱间设有走廊，旅客和船员舱室大部分设在水线以上的甲板上。图1－14所示为客船的两个立体分段，(a)位于船中部分，(b)位于船首部分。

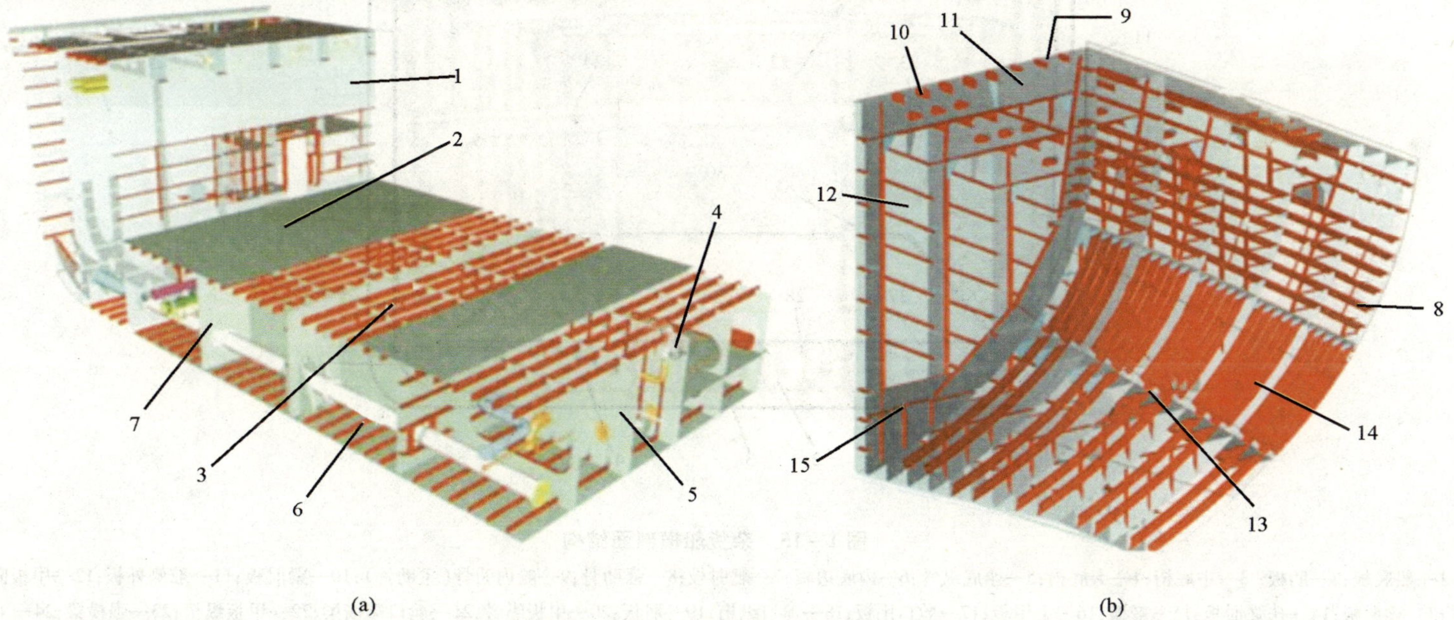

图1－14　客船横剖面结构图

1—纵舱壁；2—内底板；3—内底纵骨；4—污水井；5—肋板；6—船底纵骨；7—旁底桁；8—舷侧纵骨；9—甲板；10—甲板纵骨；11—横梁；12—纵舱壁；13—舷侧纵桁；14—肋骨；15—肋板

二、杂货船结构

杂货船通常采用混合骨架式船体结构。在货舱区设有两层以上的甲板，底部为双层底结构。图 1－15 所示为杂货船货舱区典型横剖面结构图。其中上甲板和双层底是纵骨架式结构，下甲板和舷侧是横骨架式结构。上甲板和下甲板上开有较大的货舱口，舱口角隅或舱口两端中心线处设有支柱，有的设置半纵舱壁或舱口悬臂梁。

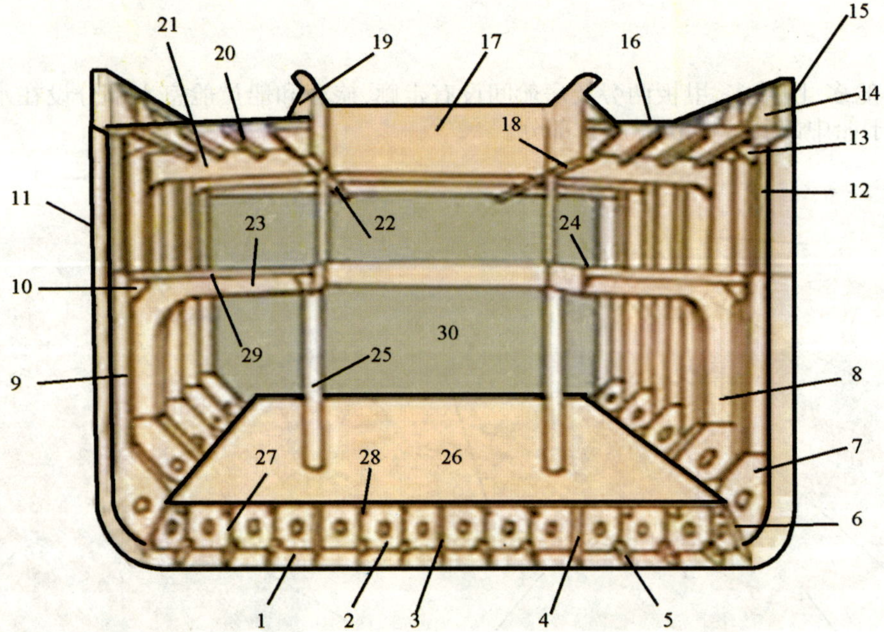

图 1－15　杂货船横剖面结构

1—船底板；2—肋板；3—中底桁；4—旁底桁；5—船底纵骨；6—内底边板；7—舭肘板；8—强肋骨；9—舱内肋骨（主肋骨）；10—梁肘板；11—舷侧外板；12—甲板间肋骨；13—梁肘板；14—扶强肘板；15—舷墙；16—上甲板；17—舱口围板；18—舱口纵桁；19—肘板；20—甲板纵骨；21—舱口端横梁；22—甲板纵桁；23—强横梁；24—下甲板；25—支柱；26—内底板；27—加强筋；28—内底纵骨；29—横梁；30—横舱壁

三、散货船结构

散货船也是混合骨架式船体结构。它只有一层全通甲板，底部为双层底，甲板下面靠两舷有两个顶边舱，双层底舭部处有向上倾斜的底边舱。甲板和舷顶部、双层底和舷侧下部是纵骨架式结构，舷侧中部为横骨架式结构，如图 1 - 16 所示。散货船有单壳体和双壳体两种结构型式，双壳体散货船是在单壳散货船的基础上产生的，舷侧设内壳，其他结构与单壳体船没有什么差别。舷侧双壳结构可以是横骨架式，也可以是纵骨架式。在双壳内都设有水密或非水密的平台，并且内壳与底边舱及顶边舱相交处通常都应设有平台。

底边舱由斜顶板、旁底桁及舭部外板围成，双壳体散货船的底边舱与双层舷侧间应设置有平台。顶边舱由甲板、斜底板、舱口纵桁及舷侧外板围成，双壳体散货船的顶边舱与双层舷侧间应设置有平台。

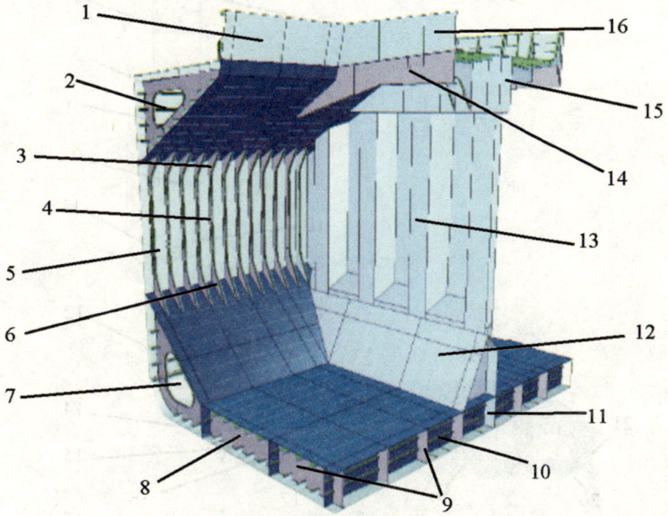

图 1 - 16　散货船横剖面结构图

1—舱口纵向围板；2—顶边舱；3—肘板；4—肋骨；5—舷侧外板；6—肘板；7—底边舱；8—双层底压载水舱；9—肋板；10—底部纵桁；11—水密肋板；12—下壁墩；13—槽形舱壁；14—舱口端横梁；15—上壁墩；16—舱口横向围板

四、集装箱船结构

集装箱船的结构与一般货船不同，它的货舱口宽度几乎与货舱宽度一样大，对船体的抗弯、抗扭和横向强度都很不利，在结构上应采取补偿措施。其船体基本结构型式为双层底和双层舷侧结构，且在双层舷侧的顶部设置有效的抗扭箱结构，如图 1－17 所示。集装箱船的底部及抗扭箱的顶部（舷侧、内壳纵壁和甲板）均应采用纵骨架式，在其他处纵骨架式和横骨架式均可采用。两个货舱口之间的舱口端横梁和甲板横梁应给予加强。舷边舱内一般应装设两层平台甲板，可增加横向强度和刚性。在风暴天气上层平台甲板还可作为人员的通道。

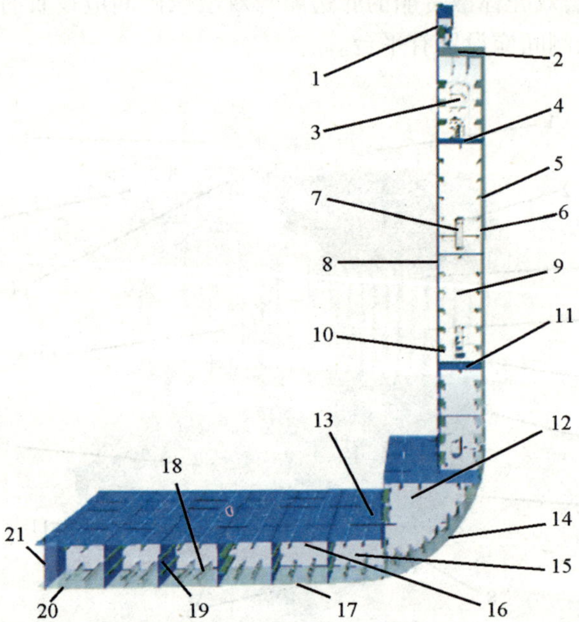

图 1－17　集装箱船横剖面结构图

1—舱口围板；2—上甲板；3—抗扭箱；4—平台；5—舷侧纵骨；6—舷侧外板；7—边舱；8—内壳纵舱壁；9—横隔板；10—内壳纵骨；11—平台；12—边底舱；13—内底板；14—舭部外板；15—肋板；16—内底纵骨；17—外底板；18—外底纵骨；19—旁底桁；20—平板龙骨；21—中底桁

五、双壳油船结构

双壳油船货油舱由双层底、双壳、隔离空舱和甲板围成，双层底内和双壳内不允许装货油和燃油，如图 1－18 所示。双壳油船货油舱的甲板骨架、双层底骨架应为纵骨架式。船长大于 190 米时，舷侧、内壳和纵舱壁一般也应为纵骨架式。货油舱区域以外的船体结构可为横骨架式或纵骨架式。斜底边舱与双层底和舷边舱相连。油密横舱壁可采用槽形或平面舱壁结构，超大型油船油密横舱壁和纵舱壁多采用平面结构。

油船结构布置最大的特点是在货油舱内设有纵舱壁，沿海小型油船中线处设一道纵舱壁，横向分左、右两个货油舱。大型油船设 2～3 道纵舱壁，横向分成 3～4 个货油舱。纵舱壁的作用是减小自由液面的影响，增大船舶的稳性。

现在要求油船不能采用单壳结构，而应采用双壳结构，即底部为双层底并设有底边舱，舷侧为双层，甲板则为单层，一般要求各部分均采用纵骨架式结构型式。

油船采用双层舷侧结构，不仅能增加船舶的安全性，减少海洋污染，光滑的油舱内表面更便于清舱。

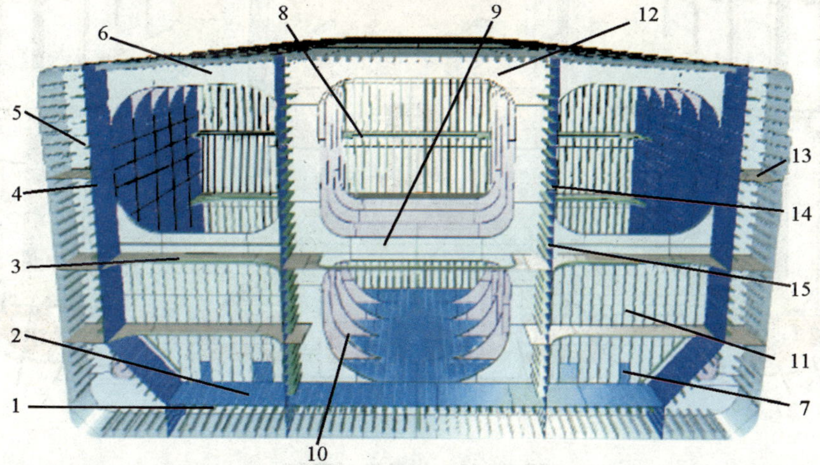

图 1－18　双壳油船横剖面结构图

1—内底纵骨；2—内底板；3—水平桁；4—内壳纵壁；5—内壳纵骨；6—强横梁；7—人孔；8—水平桁；9—强框架（撑杆）；10—竖桁；11—横舱壁；12—强横梁；13—平台；14—纵舱壁；15—纵舱壁上的水平扶强材

六、机舱结构

机舱横剖面图如图 1－19 所示。

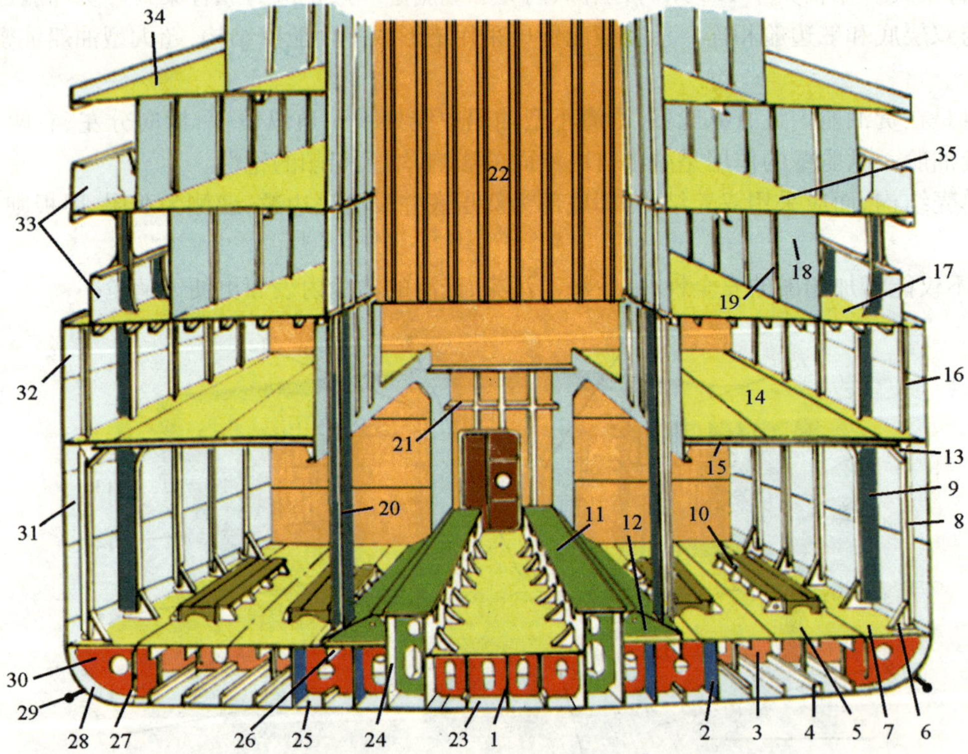

图 1－19　机舱横剖面图

1—中底桁；2—旁底桁；3—肋板；4—船底纵骨；5—内底板；6—肘板；7—内底边板；8—肋骨；9—强肋骨；10—辅机基座；11—主机基座；12—基座肘板；13—梁肘板；14—机舱平台；15—横梁；16—甲板间肋骨；17—上甲板；18—围壁；19—垂直扶强材；20—支柱；21—水平扶强材；22—机舱棚围壁；23—平板龙骨；24—基座纵桁；25—船底外板；26—内底纵骨；27—加强筋；28—舭列板；29—舭龙骨；30—舭肘板；31—舷侧外板；32—舷顶列板；33—舷墙；34—艇甲板；35—客舱甲板

七、潜艇结构

潜艇(Submarine)按结构型式可分为单舰体(只有一个耐压船体)、个半舰体(耐压体外包覆部分非耐压舰体)和双舰体(耐压体外有一层非耐压舰体)。耐压壳体由壳板及骨架组成,壳体上的骨架主要是环向肋骨,包括内肋骨和外肋骨。骨架多采用球扁钢,也可采用双球扁钢或组合T型材。在较长的舱段还可设置特大肋骨,一般采用组合工字钢。有时壳体上还需加设纵骨,以加强纵向刚性。图1-20所示为潜艇中部结构图,里层是耐压壳,外层是非耐压壳,它们之间的空间是水舱。甲板和上层建筑上都开有排水孔,艇底有坚固的坞龙骨。

耐压壳体主要承受深水压力作用,横截面形状有圆形、椭圆形、矩形等。耐压壳体纵剖面形状可分为曲线形和直(折)线形,在单舰体上耐压壳体做成光顺的曲线形;在双舰体上广泛采用直线形的耐压壳体,直线形耐压壳体在中间部分是圆柱体,艏艉两端为了适应外舰体的变化需要做成截顶圆锥体。

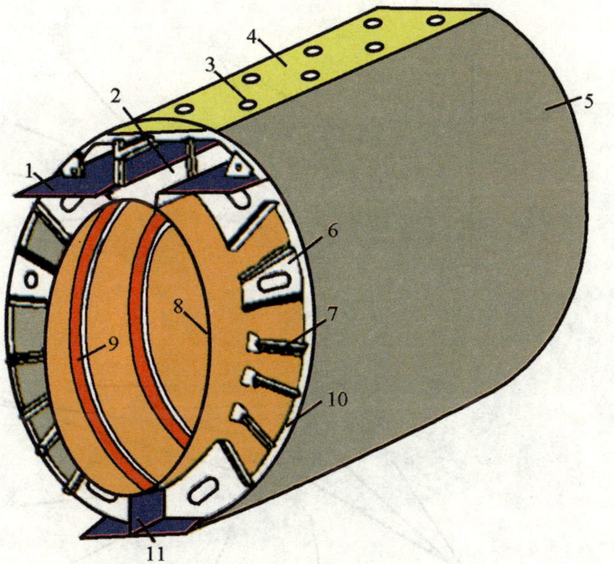

图1-20　潜艇中部结构图

1—上桁板;2—上层建筑;3—排水孔;4—甲板;5—非耐压壳;6—肘板;7—撑杆;8—耐压壳;9—内肋骨;10—非耐压壳肋骨;11—坞龙骨

第六节　艏艉段结构

艏艉位于船舶的最前端和最后端,线型变化复杂,主要受局部外力作用,因此结构与船体中部有很大不同。

一、艏段结构

船首结构如图 1 - 21 所示,也包括船底、舷侧、甲板等部分,船首最前端有艏柱,船体两舷结构在此会合。从艏柱到防撞舱壁之间的舱室叫做艏尖舱。由于船首线型比较尖瘦,因此艏尖舱内不宜装载货物,一般作为压载舱调节船体纵倾。艏尖舱内设有锚链舱,用来存放锚链。艏尖舱上面的空间,一般作为放置工具和设备的储藏室。

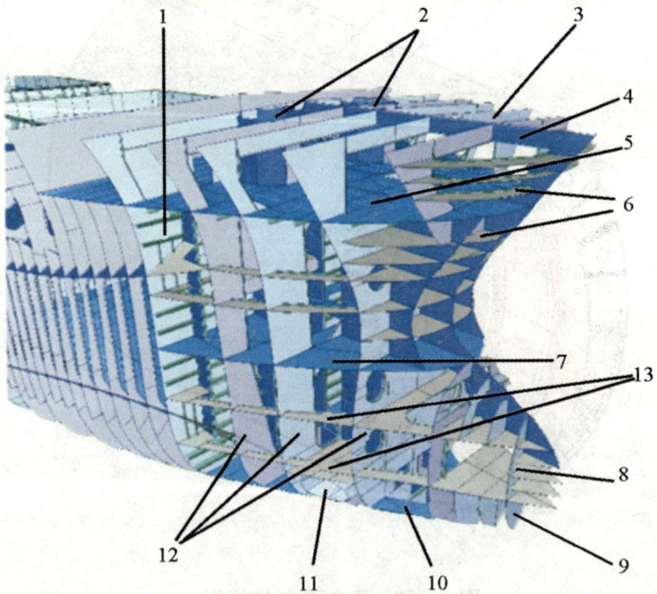

图 1 - 21　船首结构

1—防撞舱壁;2—锚链舱;3—强横梁;4—甲板纵桁;5—上甲板;6—艏部补强肘板;7—平台;8—球鼻艏;9—肋板;10—内底板;11—艏端侧推器管隧;12—横向垂直隔板;13—水平隔板

二、艉段结构

船尾结构指的是从艉尖舱壁到艉端的船体结构(如图 1－22 所示),由船底、甲板、舷侧结构和艉柱组成,有的船还有挂舵臂、艉轴架。在船尾上甲板下面的舱室内装有舵机设备,称为舵机舱。舵机舱下面的舱室是艉尖舱。艉尖舱比较狭小,一般作为艉压载水舱调节船体的纵倾。舵机舱与艉尖舱之间的平台叫做舵机平台。

船尾除受静水压力外,还承受舵和螺旋桨的重力及螺旋桨运转时的水动压力。螺旋桨工作时产生周期性的脉冲振动,机舱在船尾时,主机功率大的船常产生激振,严重时会造成局部结构的破坏,因此艉段结构应有较好的防振加强措施。

艉段结构有横骨架式和纵骨架式两种型式,民船的艉部多用横骨架式结构。艉部悬伸体的作用是扩大甲板面积,保护螺旋桨和舵,并改善航行性能。

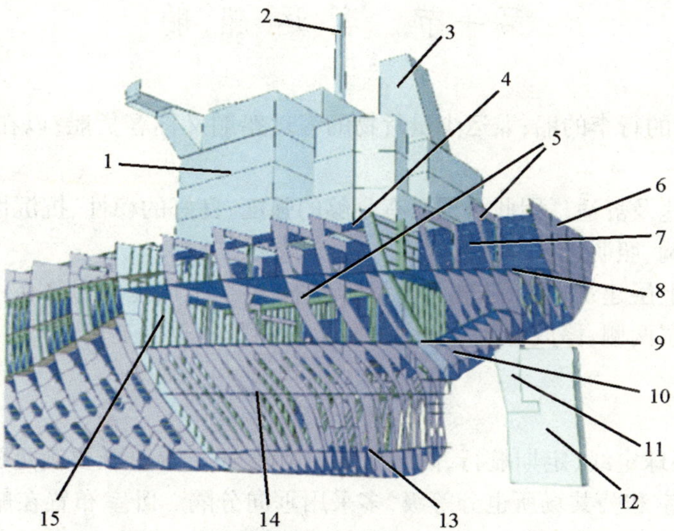

图 1－22　船尾结构

1—船楼;2—桅杆;3—烟囱;4—甲板纵桁;5—横向框架;6—方形艉;7—纵舱壁;8—舵机平台;9—甲板边板;10—肋板;11—挂舵臂;12—舵;13—内底板;14—机舱平台;15—艉尖舱壁

第二章 民用运输船舶各部分名称

船舶用于军事目的的，叫做军用船舶；用于运输、渔业、工程、海洋开发等方面的，则统称为民用船舶。

民用运输船舶主要用来运送旅客及货物，分为客运船舶及货运船舶两大类。客运船舶主要有游船、客船、客货船等；货运船舶主要有杂货船、散货船、集装箱船、冷藏船、滚装船、载驳船、油船等。

第一节 客运船舶

客运船舶是专用于载运旅客及其携带的行李的船；兼运少量货物的客运船舶又称客货船；以在船上娱乐和停靠观光游览为目的的客运船舶又称游船。

客运船舶的主要要求是安全可靠、快速及舒适。因此必须具有足够的强度、良好的稳性、抗沉性和适航性。客运船舶上房舱的布置应合理、舒适、美观，具有良好的通风、采光、空调、照明、卫生等设备。

客运船舶的外形特征是甲板层数多，上层建筑丰满，艏艉大多呈阶梯形，整个上层建筑包络在一条光顺的流线之内。大型客运船舶从侧面看去，好像一座陆地上的大楼。船的顶层两侧，停放着数量较多的救生艇和其他救生工具。

一、游船

游船在风景秀丽的海域周游巡航或环球定线、定期航行，附带从事港际交通。游船既要满足旅游者的要求，同时又要使旅游者达到疗养、度假、文化娱乐、社会活动等目的。卧室和公共场所也分等级，多采用垂向分隔。卧室布置在艏部以保持安静，公共场所多种多样，都有广阔的视野。旅游船吃水较浅，续航力较大，有防摇装置以使航行尽量平稳和舒适。

图 2－1 所示是“玛丽女王二世”号豪华游船。

图 2－1 “玛丽女王二世”号豪华游船

1—海上图书馆；2—可以播放实况爵士乐的全景豪华俱乐部；3—配有私人专用电梯的豪华套房；4—网球场、模拟高尔夫球场和篮球场；5—海上峡谷农庄温泉休闲区；6—可以观看星空奇观的天文馆；7—海上会馆；8—配有豪华设备的大型皇家影剧院；9— 4 个夜餐厅；10—VC 香槟酒吧；11—专供上层人士使用的豪华酒吧；12—70% 客房拥有的独立海景阳台；13—采用双层甲板和三层楼布置的大不列颠皇家餐厅；14—等待拍卖的艺术品；15—海上舞厅；16—海上 Todd 的英式餐厅；17—豪华的海上餐厅；18—幼儿托养室、儿童游乐室

二、客货船

典型客货船的结构如图 2－2 所示。

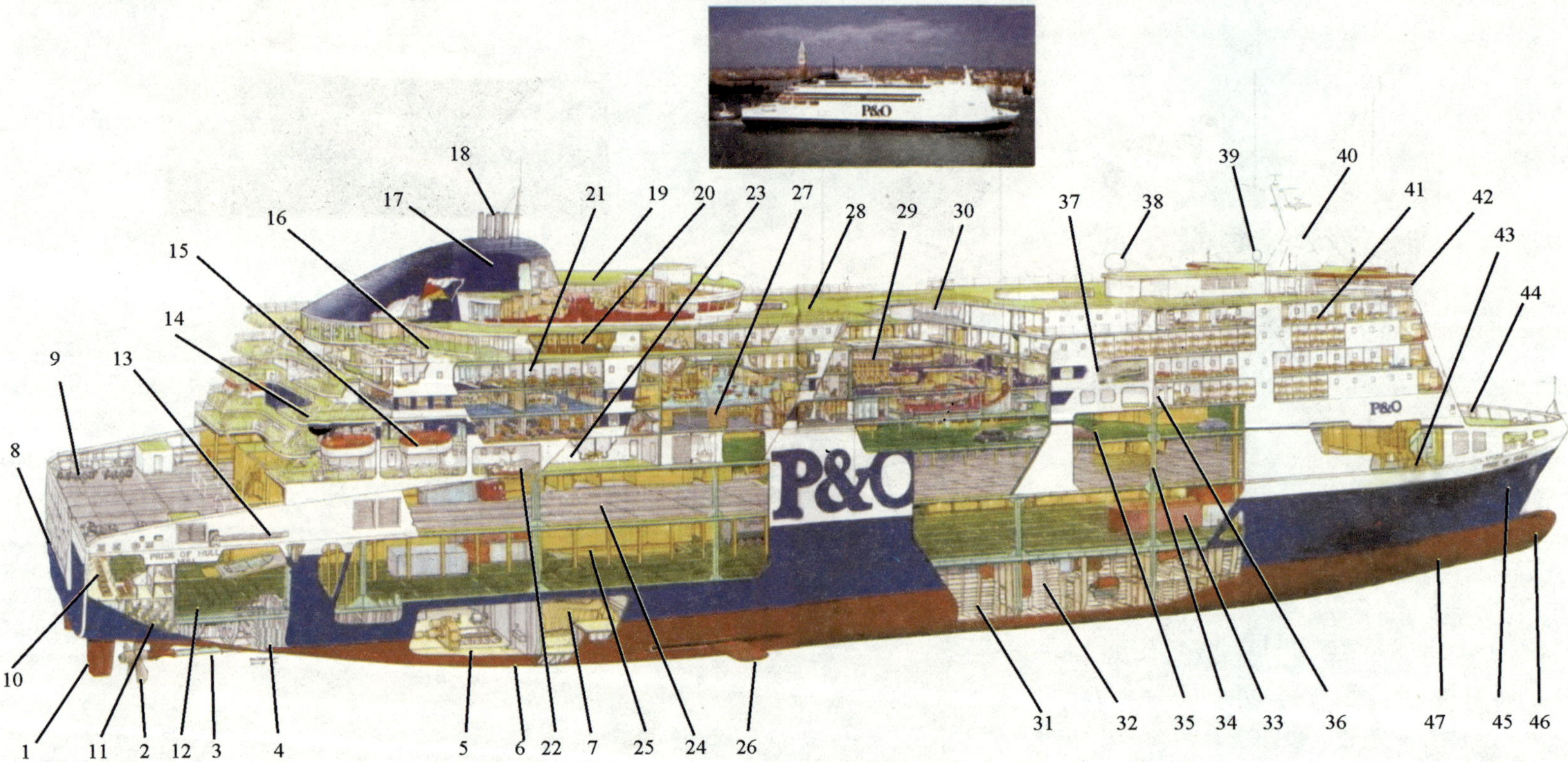

图 2－2　客货船

1—舵；2—螺旋桨；3—艉轴；4—压载水舱；5—发动机齿轮室；6—海水进水阀；7—机舱；8—艉部跳板；9—绞车；10—二氧化碳储存室；11—货物启运办公室；12—下甲板；13—舷梯；14—上层建筑甲板；15—救生艇；16—上层建筑甲板；17—烟囱；18—排气管；19—全景休息厅；20—船员餐厅；21—客舱；22—救助艇；23—驾驶员休息室；24—上甲板；25——通往下层的跳板；26—减摇鳍；27—商店和餐厅；28—直升机甲板；29—酒吧；30—会员室；31—减摇舱；32—备用舱；33—滚装货物；34—强肋骨；35—汽车甲板；36—海上撤离系统；37—电影院；38—网络接收装置；39—通信接收装置；40—雷达桅；41—指挥员舱；42—驾驶室；43—会员室；44—舷墙；45—锚；46—球鼻艏；47—艏侧推器

三、客船

典型客船的结构如图 2 –3 所示。

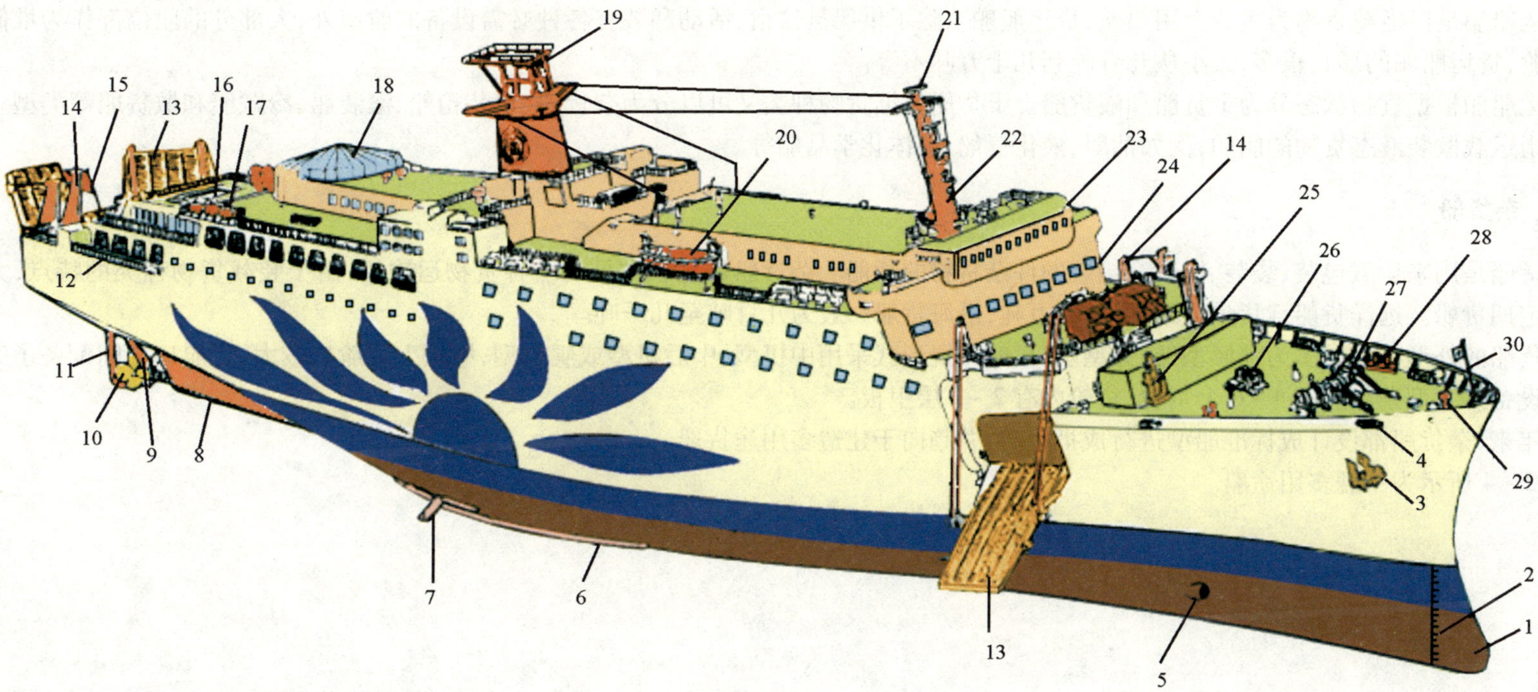

图 2 –3　客船

1—球鼻艏;2—艏吃水标志;3—锚;4—导缆孔;5—艏侧推器;6—舭龙骨;7—减摇鳍;8—轴包套;9—艉轴架;10—螺旋桨;11—舵;12—舷梯;13—着陆跳板;14—跳板吊柱;15—艉旗杆;16—游泳池;17—救生筏;18—圆顶;19—烟囱;20—救生艇;21—雷达扫描器;22—雷达桅;23—船楼;24—休息室;25—备用艏锚;26—系船绞车;27—锚机;28—系缆桩;29—通风筒;30—艏旗杆

第二节 货运船舶

货运船舶是以运载货物为主的专用船舶,货运船舶上除了供船员住宿、活动和装有各种必需设备的舱室外,大部分的舱位都作为堆储货物的货舱,货运船舶的形式很多,大小从几百吨到几十万吨不等。

货运船舶根据货物状态分为干货船和液货船。干货船根据货物种类又可以分为杂货船、集装箱船、滚装船、冷藏船和散货船等类型。液货船是指运载散装液态货物的船舶,例如油船、液化气船、液体化学品船等。

一、杂货船

杂货船是用来运载包装、袋装、桶装和箱装的件杂货物的货船。杂货船是比较常见的一种货物运输船,由于装载货物种类的特点,大多数是不定期货船。远洋货船载货量通常为 1 ~2 万吨,沿海货船一般为几百吨至几千吨。

杂货船的外形特点是多为前倾型艏、方型艉,机舱布置形式采用中机型、中后机型或艉机型,甲板上货舱口较大,货舱口之间配备了完善的起货设备。大型杂货船有 4 ~6 个货舱,货舱内有 2 ~3 层甲板。

近年来,杂货船都设计成标准船型进行成批生产,并趋向于建造多用途货船。

图 2 –4 所示为一艘多用途船。

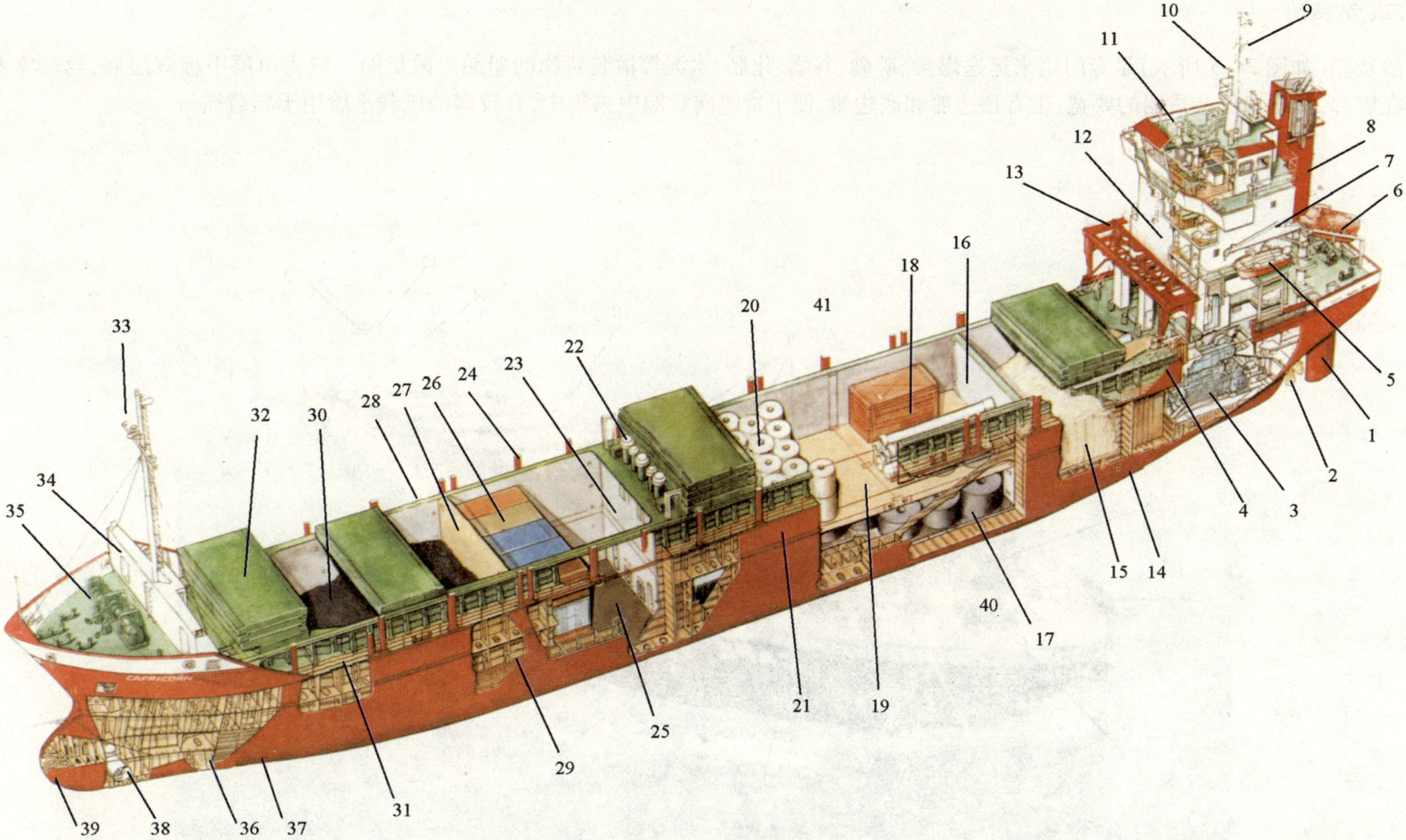

图 2－4　多用途船

1—舵;2—螺旋桨;3—主机;4—二氧化碳室;5—救生艇;6—自由降落式救生艇;7—起吊救生载具和货物的起重机;8—烟囱;9—后灯桅;10—雷达扫描器;11—罗经甲板;12—起居舱室;13—舱口盖启闭装置;14—燃油舱;15—散货货舱;16—垂直隔壁;17—重货货舱;18—件杂货货舱;19—下甲板;20—件杂货;21—舷侧外板;22—货舱通风装置;23—横舱壁;24—集装箱座;25—内底板;26—集装箱;27—垂直隔壁;28—舱口围板;29—压载水舱;30—散货;31—舷梯;32—舱口盖;33—灯桅;34—挡浪板;35—锚机;36—防撞舱壁;37—深水舱;38—艏侧推器;39—球鼻艏;40—左舷;41—右舷

二、散货船

散货船(如图 2－5 所示)是专门用来运送煤炭、矿砂、谷物、化肥、水泥等散装货物的船舶。散货船一般为单层甲板双层底,驾驶室和机舱都在艉部,货舱口比杂货船的要宽,带有顶边舱和底边舱,便于货物向货舱中央集中,有较多的压载水舱用于压载航行。

图 2－5　散货船

1—锚;2—导缆钳;3—绞车;4—舷墙;5—锚机;6—前桅;7—带缆桩;8—通风筒;9—舱口盖;10—天线桅;11—船楼;12—雷达桅;13—烟囱;14—舱口盖收藏导架

三、集装箱船

集装箱船(如图2－6所示)是装载规格统一的标准货箱(称为集装箱)的货船。集装箱船可缩短装卸货物时间,减小货损和货差,提高营运经济效益。集装箱是由金属或玻璃钢等材料制成的标准货箱。目前集装箱运输占全球海上运输的很大部分。

集装箱船的特点是货舱里和甲板上堆放规格统一的集装箱,舱口又宽又长,甲板较小,常为双船壳,多为艉机型船,上层建筑较短。远洋集装箱船通常采用球鼻型艏和方型艉。大多依靠港口专用的起货机装卸,少数也有自带起货设备的。

图2－6　集装箱船

1—舵;2—自由降落式救生船;3—螺旋桨;4—双层舷侧和压载水舱;5—主机;6—上层建筑;7—吊杆;8—20′集装箱;9—40′集装箱;10—步桥;11—双层底;12—艏侧推器;13—球鼻艏

四、冷藏船

冷藏船(如图 2－7 所示)是将货物处于冷藏状态下进行载运的专用船舶。其货舱为冷藏舱,并有若干个舱室。每个舱室都是一个独立、封闭的装货空间,舱门、舱壁均为气密,并用隔热材料使相临舱室可以装运不同温度的货物。冷藏船上有制冷装置,制冷温度一般为 －25 ℃～15 ℃。冷藏舱往往设多层甲板,甲板间高度较低,以防止冷藏品过多而被压坏。冷藏船的吨位较小,通常为几百吨到几千吨,但航速较高,以尽量减少途中运输时间。

图 2－7　冷藏船

1—锚机;2—锚;3—前桅;4—冷藏舱;5—桅屋;6—起货机平台;7—桅;8—冷藏集装箱;9—罗经甲板;10—船楼

五、滚装船

滚装船(如图 2－8 所示)是将带有滚车底盘的集装箱或装在托盘上的其他货物作为一个货物单元,用拖车或叉车带动直接开进、开出船舱的船。专门装运汽车的滚装船称为汽车滚装船。滚装船的特点是上层建筑高大,最上层的露天甲板平坦,无起货设备及货舱口。在艉部、舷侧或艏部有活动的跳板放到码头上,汽车或拖车通过跳板开上、开下(滚上、滚下)装卸货物,货舱内具有多层纵通甲板,汽车或拖车通过坡道或升降平台进入上、下层舱内。上层建筑可设置在船尾、船中或船首。机舱在船尾靠近两舷处,高度较低。

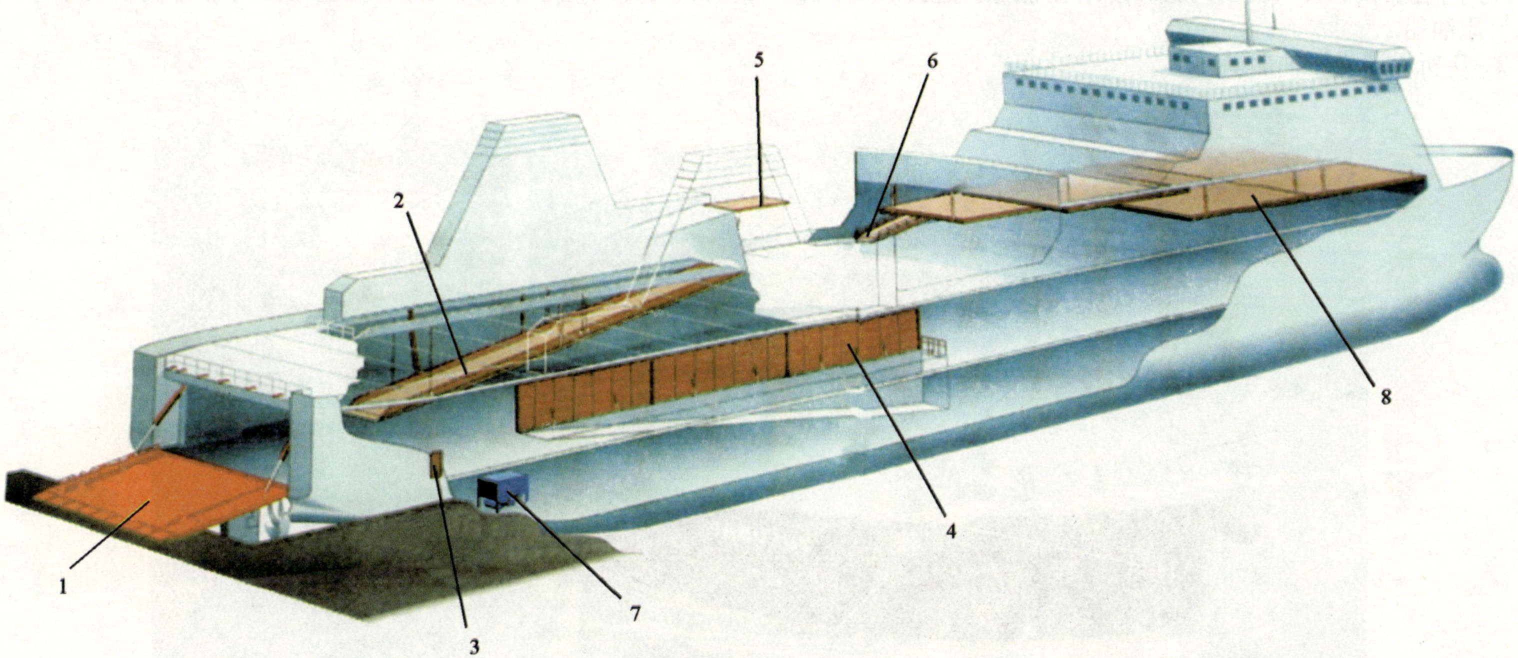

图 2－8　滚装船

1—艉直跳板;2—活动坡道;3—舷侧门;4—可作开口盖用的固定跳板;5—门;6—通向汽车甲板的坡道;7—液压动力装置;8—活动汽车甲板

六、液货船

液货船是用于运载散装液态货物货船的统称。按照运载货物的不同,液货船分为三类:油船、液化天然气船、液体化学品船。

1. 油船

油船是指专门装运石油产品的液体货船。油船分为原油船和成品油船。油船的吨位从几百吨至几十万吨,装载原油的船舶吨位较大,巨型油船(VLCC 船)吨位为 20~30 万吨,超大型油船(ULCC 船)吨位为 30 万吨以上,油船属于吨位最大的一种船舶。

油船的特点是防火、防爆要求特别高,因此消防设备比较完善。为了减少太阳辐射、控制舱内温度,外壳常漆成浅色。船上设有暑季用的甲板淋水设备和冬季用的蒸汽暖油装置。油船均为艉机型船,干舷较小,容易上浪,甲板上方通常布置有供船员行走的步桥。油船甲板上无大的货舱口,为了清舱,仅开设人员出入舱口,兼作膨胀井。过去油船多为单壳结构,随着人类对海洋污染的日益重视,要求油船为双壳体。

(1) 原油船

图 2-9 所示即为原油船。

图 2-9 原油船

1—艏吃水标志;2—锚;3—带缆桩;4—步桥;5—甲板仓库;6—烟囱;7—雷达桅;8—船楼;9—救生艇;10—起货吊杆;11—前桅;12—小舱口;13—锚机;14—导缆孔

(2) 成品油船

成品油船(如图 2－10 所示)是以运载除原油外的各种石油产品为主的油船。原油经过一定的加工后,可生产出符合国家、行业或企业特定质量标准的石油产品。石油也被称为原油,是一种黑色较黏稠的物质。原油经过加工后,可以生产出石油液化气、石脑油、汽油、柴油、煤油、润滑油等油料,副产品为石油焦、沥青、燃料油等。日常所指的成品油包括汽油、柴油、煤油。

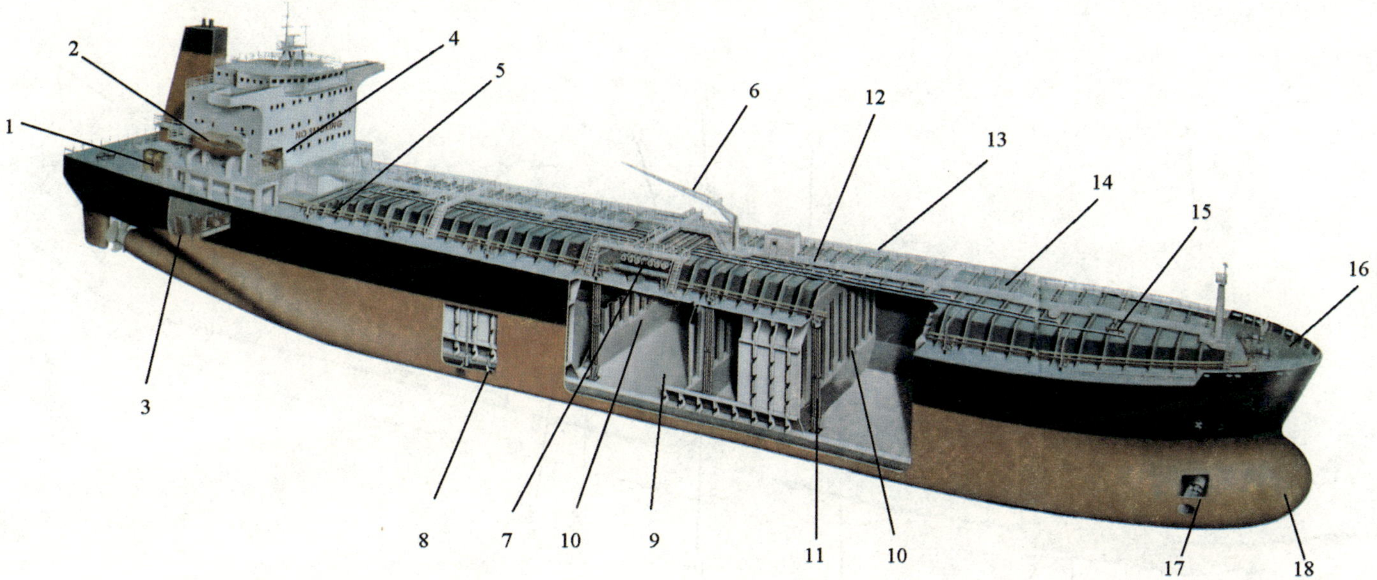

图 2－10　成品油船

1—辅助装置;2—救生艇;3—液压动力机;4—货物控制室;5—锚与系泊设备的液压高压油管线;6—起重机;7—货油管;8—双层舷侧边舱;9—内底板;10—槽形横舱壁;11—货泵;12—步桥;13—栏杆;14—甲板;15—冬季用的蒸汽暖油装置;16—带有锚机的艏楼甲板;17—艏侧推器;18—球鼻艏

2. 液化天然气船

液化天然气(LNG)的主要成分是甲烷,在常压下的液化温度约为 -164 ℃,因此液化天然气船(如图 2-11 所示)货舱的结构、采用的材料和隔热装置必须满足极低温运输的要求。货舱的形状有球形、棱柱形等。

液化气在运载时先通过加压或低温使其液化,然后把液化后的气体用高压泵打入球形或薄膜形的特殊高压液舱内储存。液化气船的特点是机舱和船员舱设在船的艉部,船首具有艏楼。液化气船属高技术、高附加值船,因此船舶造价昂贵。

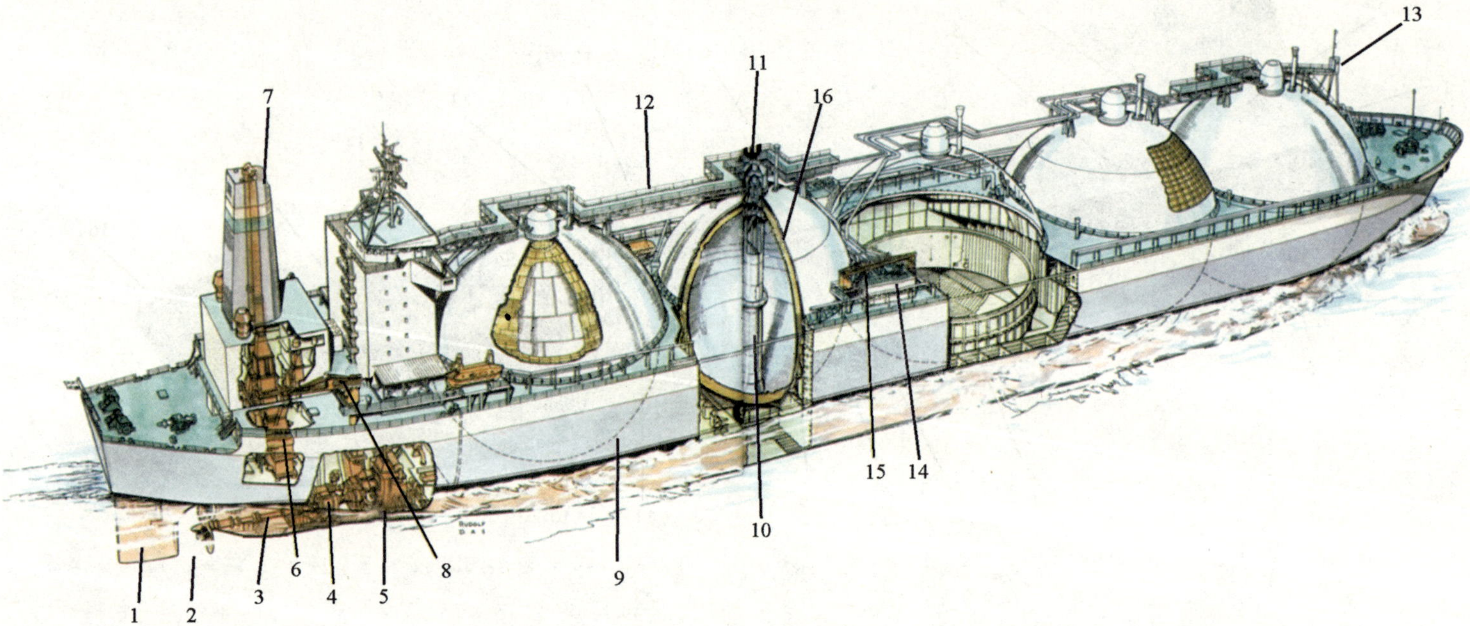

图 2-11 液化天然气船

1—舵;2—螺旋桨;3—艉轴;4—主机;5—冷凝器;6—锅炉;7—烟囱;8—吊杆;9—高压液货舱;10—中心柱和液货泵;11—货舱安全设备;12—步桥;13—艏部瞭望台;14—货油管;15—起重机;16—隔热绝缘层

3. 液体化学品船

液体化学品船(如图 2－12 所示)是运输各种液体化学品(如醚、苯、醇、酸等)的专用船。

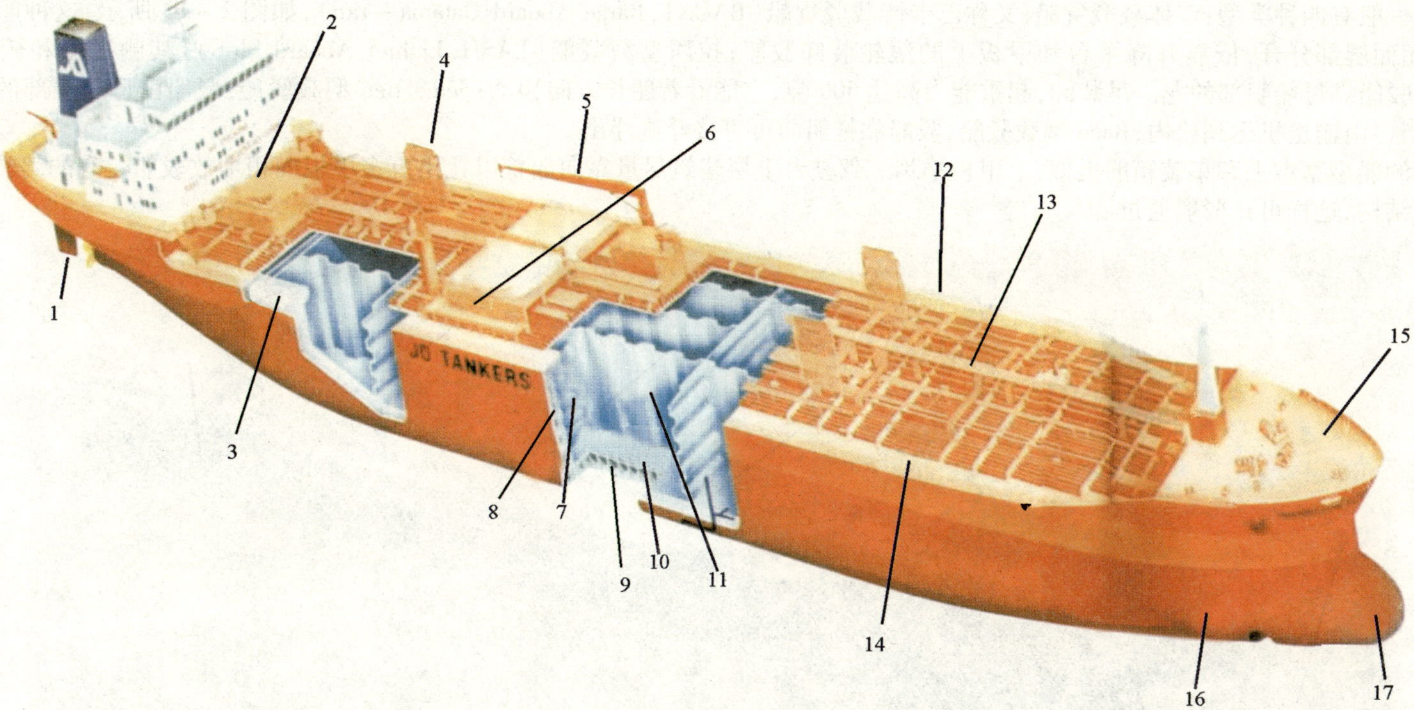

图 2－12　液体化学品船

1—舵和螺旋桨;2—加热舱;3—隔离舱;4—带有压力真空阀的排气管;5—起重机;6—液货管;7—横舱壁;8—双层舷侧边舱;9—双层底舱;10—内底板;11—槽形纵舱壁;12—栏杆;13—步桥;14—甲板;15—带有锚机的艏楼甲板;16—艏侧推器;17—球鼻艏

七、载驳船

载驳船是指装有规格相同的小驳船的货船，又叫母子船。先将货物装在小驳船里，再将这些驳船装到母船上一起运输。

载驳船一般有四种类型：双体载驳货船，又称巴卡特载驳货船（BACAT，Barge Aboard Catama－ran），如图 2－13 所示，这种船为双体结构，艏部封闭而艉部分开，依靠升降平台和甲板上的滚轮装卸驳船；拉西型载驳船（LASH，Lighter Aboard Ship），其侧视图和俯视图如图 2－14所示，驳船靠母船艉部的龙门吊装卸，起重能力高达500 吨，它能沿着船长方向移动；Sea－Bee 型载驳船，驳船由母船艉部的升降平台从水中托起，再由输送机运到舱内；Baco 型载驳船，驳船靠拖船即可直接浮进浮出。

载驳船的船型基本上和集装箱船类似，上甲板平坦。驾驶台上层建筑尽量靠向船首以让出更多甲板面积堆放驳船。有的驾驶台上层建筑建成桥式结构，这样可让驳船通过。

图 2－13　巴卡特载驳货船

1—桥式船楼；2—桅；3—小驳船；4—烟囱；5—滚轮；6—升降平台；7—绞车；8—顶推船

(LASH) 拉西型载驳船侧视图

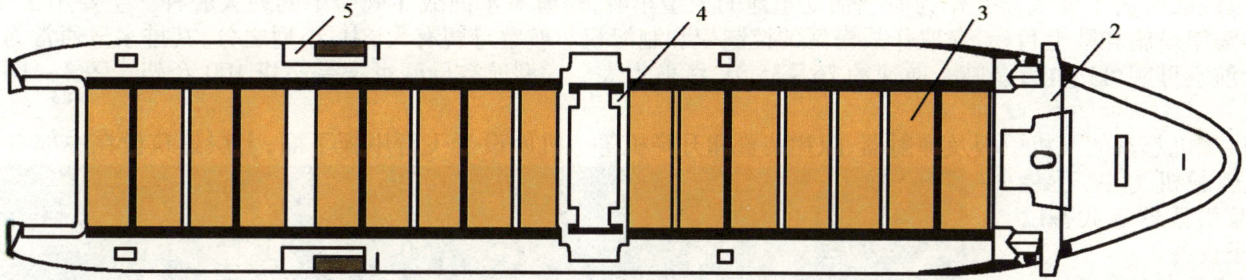

(LASH) 拉西型载驳船俯视图

图 2－14　拉西型载驳船

1—桅；2—船楼；3—小驳船；4—门吊；5—烟囱；6—舵和螺旋桨

第三章　军用船舶各部分名称

军用船舶是指执行战斗任务和军事辅助任务的各类船舶的总称，通常分为战斗舰艇和辅助舰船两大类。前者又有水面战斗舰艇和潜艇之分。一般称排水量500吨以上的为舰，500吨以下的为艇。

第一节　航空母舰

航空母舰是以舰载机为主要武器并作为海上活动基地的大型军舰，是海军水面战斗舰艇中的最大舰种。主要用于攻击水面舰艇、潜艇和运输舰船，袭击海岸设施和陆上目标，夺取作战海区的控制权和制海权。航空母舰有大、中、小型之分，其排水量通常为万余吨至八万吨左右，最大的核动力航空母舰可达九万余吨。航速约26～35节，续航力大。大型航空母舰可携带飞机100余架。图3－1所示为“尼米兹”级核动力航空母舰。

航空母舰有供飞机起落的飞机甲板及弹射器、阻拦装置和升降机等。机库设于飞行甲板下面，上层建筑设在中部右侧，形成岛形建筑。航空母舰一般以舰载机为主，还装备有导弹、火炮、反潜武器等武备以及十分完善的电子设备。

航空母舰具有强大的攻击力，但目标较大，易遭敌方攻击，所以需要有多艘巡洋舰、驱逐舰和护卫舰护卫下组成航空母舰编队行动。航空母舰按其承担的任务可分为攻击航空母舰、护卫航空母舰、反潜航空母舰和多用途航空母舰；按其动力装置不同可分为核动力航空母舰和常规动力航空母舰。

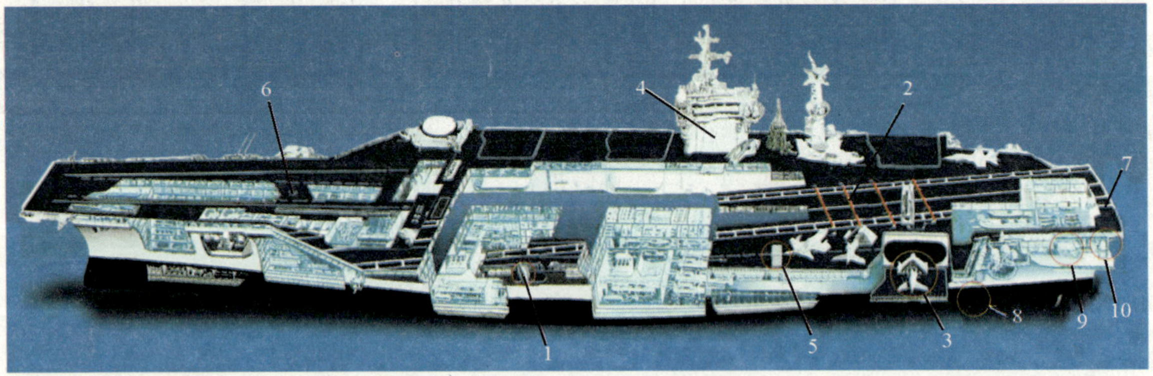

图3－1　“尼米兹”级核动力航空母舰

1—舰载机的降落引导；2—舰载机的拦阻索；3—升降机；4—舰岛；5—航母导流板；6—弹射器的工作；7—飞行甲板；8—推进器；9—舰导；10—密集阵近程防空系统

1. 舰载机的降落引导

能够在空中提供一个光的下滑

坡面，便于飞行员判断方位，修正误差，引导舰载机正确降落。现在研制的全自动助降系统，可由航母计算机得出飞机降落的正确位置，发出误差信号，舰载机的自动驾驶仪依据信号修正误差，从而准确降落。

2. 舰载机的拦阻索

能够使飞机着舰后在甲板三分之二处停住，若情况不好飞机应马上复飞，否则将冲入前方的停机区。舰载机停下后，拦阻索马上复位，迎接下一架着舰机的到来。

3. 升降机

机库位于飞行甲板下面，飞机在机库和飞行甲板之间的移动需要借助于升降机。

4. 航母导流板

弹射前的舰载机喷气发动机已经全速运转，此时它向后喷射出高温高速燃气流，这对它后面的飞机和人员危害很大，弹射器后方张起的导流板可使燃气流向上偏转，不会喷向后面的甲板。

5. 弹射器的工作

早期的螺旋桨式飞机由于起飞速度不大，可以轻易从甲板上自行滑跑起飞，但喷气式舰载机的质量和起飞速度急剧增大，只能通过弹射器起飞。

图 3－2 所示为航空母舰各部分工作图。

升降机

弹射器的工作

飞行甲板

密集阵近程防空系统

光学助降系统

防空导弹

图 3－2　航空母舰各部分工作图

图 3－3 所示为“戴高乐”号航空母舰。图 3－4 所示为“戴高乐”号航空母舰的防卫武器系统，图 3－5～图 3－8 所示为其主要部分放大图。图 3－9 所示为“戴高乐”号航空母舰的探测系统，图 3－10～图 3－14 所示为其主要部分放大图。

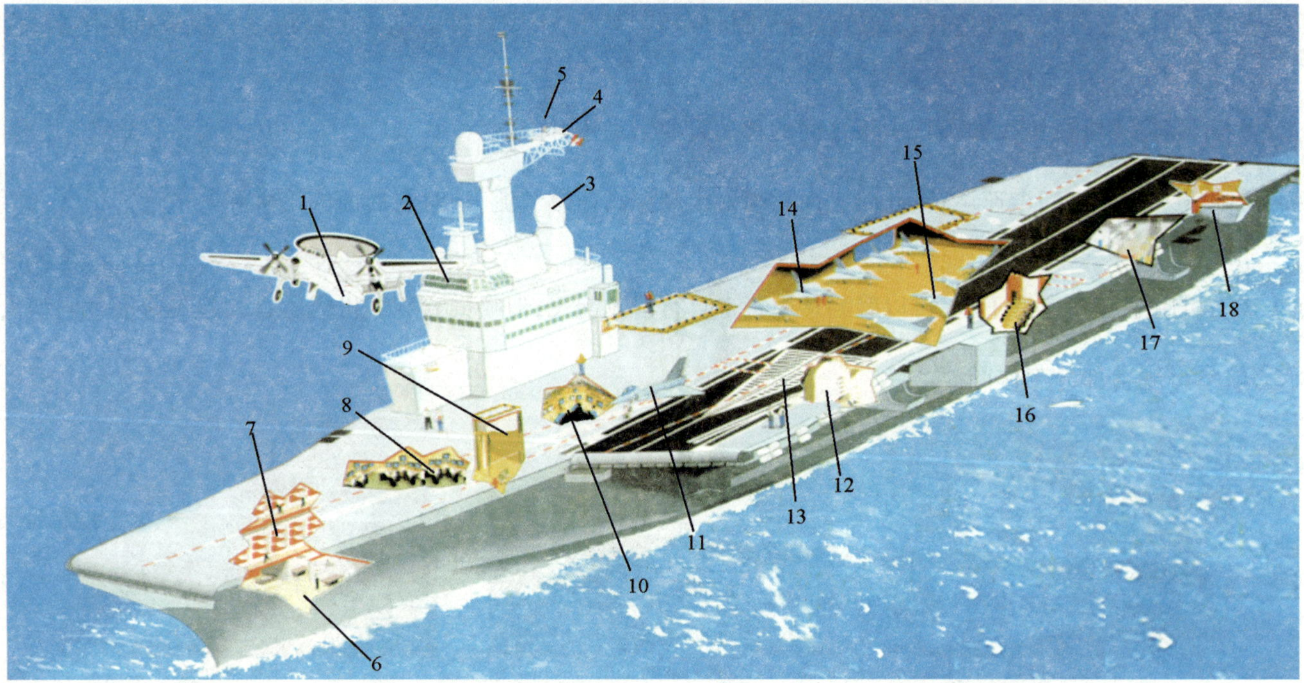

图 3－3 “戴高乐”号航空母舰

1—预警机；2—舰桥；3—三坐标雷达；4—红外探测器；5—警戒雷达；6—医院；7—舱室；8—武器系统控制室；9—弹药升降机；10—反应堆控制室；11—战斗机；12—核反应堆；13—弹射器；14—机库；15—战斗机；16—飞行员准备室；17—厨房；18—餐厅

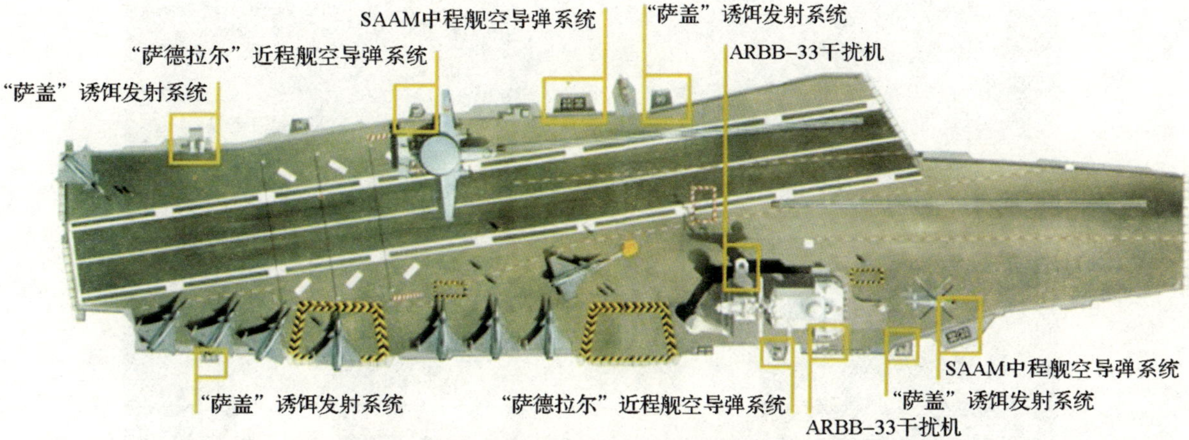

图 3 – 4 “戴高乐”号航空母舰的防卫武器系统

图 3 – 5 SAAM 中程舰空导弹系统

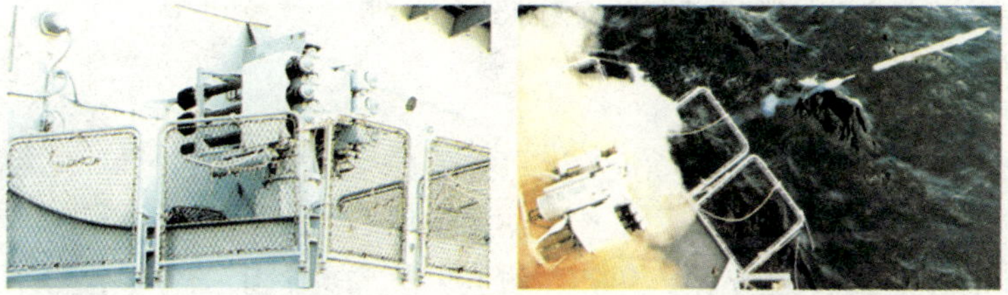

图 3 – 6 “萨德拉尔”近程舰空导弹系统

图 3 – 7 ARBB – 33 干扰机

图 3 – 8 “萨盖”诱饵发射系统

图 3－9 “戴高乐”号航空母舰的探测系统

图 3－10 ARABEL 三坐标火控雷达

图 3－11 DRBV－26 远程对空警戒雷达

图 3－12 DRBV－15C 对海搜索雷达

图 3－13 VAMPIR 红外搜索跟踪系统

图 3－14 DRBJ－11B 三坐标远程对空警戒雷达

图 3－15 和图 3－16 所示分别为基辅级航空母舰的侧视图和俯视图。

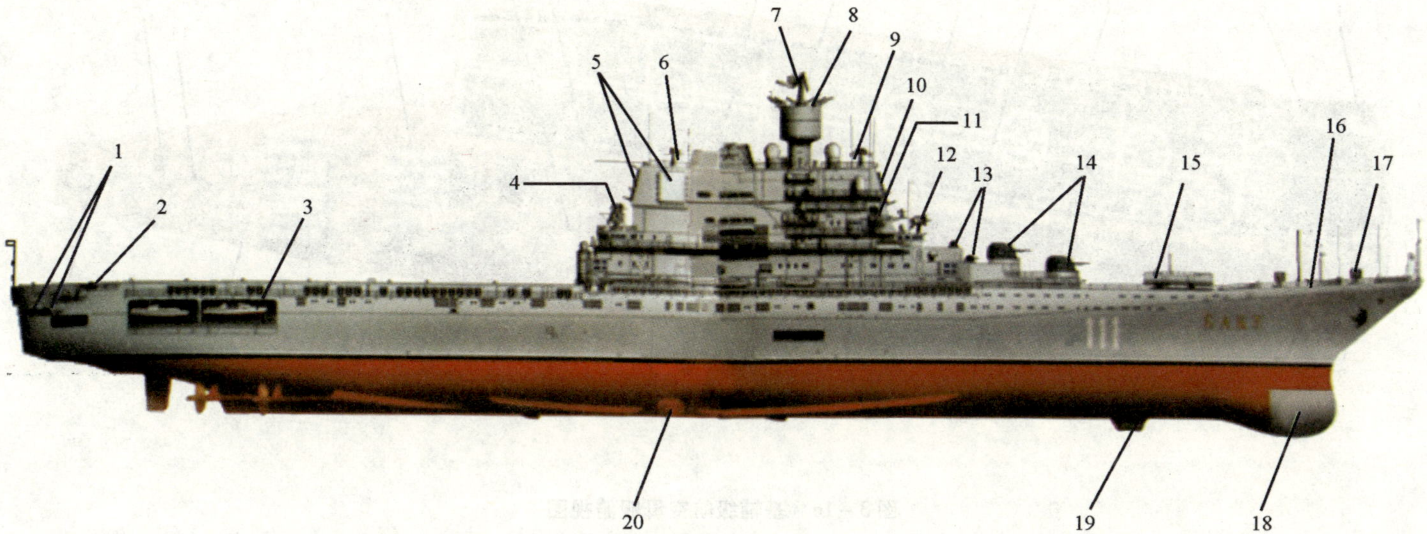

图 3－15　基辅级航空母舰侧视图

1—6 管 30 毫米炮；2—干扰火箭发射装置；3—交通艇；4—对空导弹制导雷达；5—相控阵雷达；6—对空搜索雷达；7—对空搜索雷达；8—舰载机引导雷达；9—对空搜索雷达；10—相控阵雷达；11—对空导弹制导雷达；12—舰炮火控雷达；13—6 管 30 毫米炮；14—单管 100 毫米炮；15—反舰导弹发射装置；16—礼炮；17—反潜火箭发射装置；18—声呐整流罩；19—声呐整流罩；20—减摇鳍

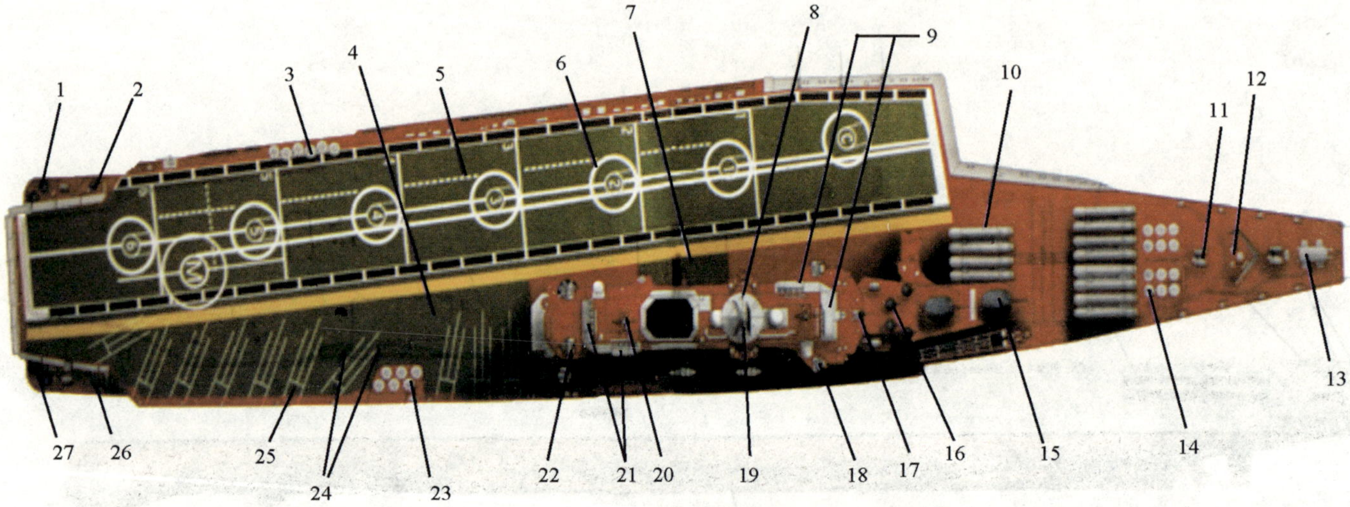

图 3－16　基辅级航空母舰俯视图

1—6 管 30 毫米炮;2—干扰火箭发射装置;3—对空导弹发射装置;4—舰载机升降机;5—飞行甲板;6—舰载机起降标志;7—舰载机升降机;8—舰载机引导雷达;9—相控阵雷达;10—反舰导弹发射装置;11—反潜火箭发射装置;12—礼炮;13—反舰导弹制导雷达舱;14—对空导弹发射装置;15—单管 100 毫米炮;16—6 管 30 毫米炮;17—舰炮火控雷达;18—对空导弹制导雷达;19—对空搜索雷达;20— 对空搜索雷达;21—相控阵雷达;22—对空导弹制导雷达;23—对空导弹发射装置;24—弹药升降机;25—舰载机停机位标志;26—干扰火箭发射装置;27—6 管 30 毫米炮

第二节　两栖攻击舰

两栖攻击舰(如图 3－17 所示)是一种用于按建制单位运载登陆兵、武器装备、物资和登陆工具,实施垂直登陆和平面登陆的大型登陆作战舰艇。它将登陆兵、武器装备、物资、登陆艇、直升机和两栖车辆等按建制单位装在一艘舰上,具有全面的运输能力。两栖攻击舰是两栖作战的核心,主要使命是:用舰载机发动攻击,为两栖作战提供空中火力支援;用舰载直升机、机械化登陆艇和气垫登陆艇等工具运输部队和装备,为两栖作战向岸上投送兵力。从外形上看,两栖攻击舰具有轻型航空母舰的一些特点。

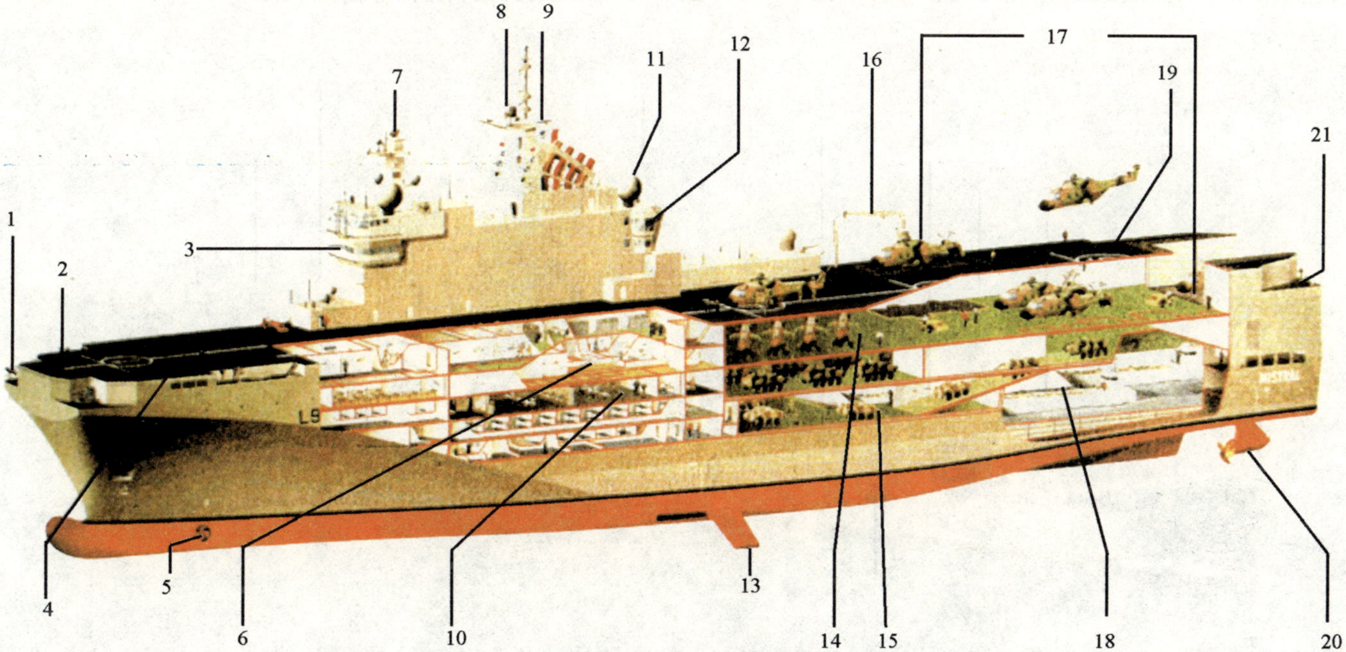

图 3－17　两栖攻击舰

1—防御导弹发射装置;2—机枪;3—航海舰桥;4—飞行甲板;5—艏侧推器;6—医院;7—对空/对海雷达;8—天线;9—导航雷达;10—作战指挥舱;11—通信天线;12—航空舰桥;13—减摇鳍;14—机库;15—车辆甲板;16—起重吊臂;17—升降机;18—坞舱;19—飞行甲板;20—吊舱推进器;21—防御导弹发射装置

第三节　导弹巡洋舰

巡洋舰(如图3－18所示)是一种强有力的、多用途的、适于远洋作战的大型水面舰艇。在航空母舰编队时用作护卫兵力,在与驱逐舰协同作战中用作旗舰,也可单独执行任务。巡洋舰主要用于海上攻防作战,保卫己方和破坏敌方的海上交通线,支援登陆和抗登陆作战,袭击港口基地和岸上目标,掩护己方舰艇扫雷和布雷,以及防空、反潜、警戒、巡逻、为舰装机导航等。巡洋舰装备的武器众多,电子设备完善,同时装有对海、对空和反潜等武器系统,包括导弹、直升机、大炮、鱼雷和反潜火箭等。现代巡洋舰仅在舰桥和弹药库等重要部位设置装甲武备,用来保护这些重要部位,主要武器有直升机和导弹。图3－19～图3－30所示为巡洋舰各部位放大图。

图3－18　巡洋舰

1—鱼雷发射管;2—导弹发射装置;3—反潜直升机;4—“顶罩”火控雷达;5—“气枪群”火控雷达;6—导弹发射装置;7—“顶对”三坐标对空搜索雷达;8—“顶板”三坐标对空对海搜索雷达;9—12管反潜深弹发射器;10—6管30毫米近防炮;11—双联130毫米舰炮;12—导弹发射装置

图 3－19　鱼雷发射管

图 3－20　导弹发射装置

图 3－21　反潜直升机

图 3－22　“顶罩”火控雷达

图 3－23 “气枪群”火控雷达

图 3－24 导弹发射装置

图 3－25 “顶对”三坐标对空搜索雷达

图 3－26 “顶板”三坐标对空对海搜索雷达

图 3－27　12 管反潜深弹发射器

图 3－28　6 管 30 毫米近防炮

图 3－29　双联 130 毫米舰炮

图 3－30　导弹发射装置

第四节 驱 逐 舰

驱逐舰(如图 3 - 31 所示)是以导弹、反潜武器和大炮为主要武器的中型水面战斗舰艇。它航速较高,耐波性好,战斗力强,并具有多种作战能力,用以攻击敌方潜艇和水面舰船,以及侦察、巡逻、护航、警戒、防空、布雷、袭击岸上目标等。

驱逐舰的排水量通常为 3 000 ~ 5 000 吨,航速在 35 节左右,续航力 3 000 ~ 6 000 海里。舰上配置导弹、火炮、鱼雷、水雷、反潜武器和直升机等。以导弹为主要武器的驱逐舰称为导弹驱逐舰。现代驱逐舰一般装有舰对舰及舰对空导弹武器、反潜导弹武器、反潜直升机、电子战系统以及设备完善的导航通信设备和电子设备。

驱逐舰的船体瘦长,常采用全通甲板或长艏楼、直线前倾型艏柱和方艉船型。图 3 - 32 ~ 图 3 - 43 所示为驱逐舰各部位放大图。

图 3 - 31 驱逐舰

1—舰壳声呐;2—舰炮;3—垂直发射系统;4—导航系统;5—对海搜索雷达;6—相控阵三坐标雷达;7—电子对抗和干扰系统;8—火控雷达;9—遥控猎雷系统;10—舰载直升机;11—鱼雷发射装置

图 3－32　舰壳声呐

图 3－33　舰炮

图 3－34　垂直发射系统

图 3－35　导航系统

图 3－36　对海搜索雷达

图 3－37　相控阵三坐标雷达

图 3－38　电子对抗和干扰系统

图 3－39　火控雷达

图 3－40　遥控猎雷系统

图 3－41　舰载直升机

图 3－42　反舰导弹发射装置

图 3－43　反舰导弹

第五节　护　卫　舰

护卫舰(如图3－44所示)是以导弹、舰炮、深水炸弹及反潜鱼雷为主要武器的轻型水面战斗舰艇。它的主要任务是为舰艇编队担负反潜、护航、巡逻、警戒、侦察及登陆支援作战等任务。护卫舰的性能和使用范围与驱逐舰相似,只是排水量、航速、续航力和火力比驱逐舰小些。

区分巡洋舰、驱逐舰和护卫舰这三种舰艇可以从排水量和用途两方面入手。巡洋舰排水量在8 000吨以上,用途以反潜、反舰为主,特点是续航能力更强,可以作为航空母舰的护卫舰在远洋作战。驱逐舰排水量多在4 000吨以上,现在各国已经纷纷建造了8 000吨以上的驱逐舰,其用途广泛,攻击方式多样,是海军舰队中突击力较强的舰种之一,多用于攻击潜艇和水面舰船,以及舰队防空、护航、侦察、巡逻、警戒、布雷,袭击岸上目标等。护卫舰排水量在2 000～4 000吨,主要用于舰艇编队护航,以及侦察、警戒、巡逻、布雷和支援登陆等。

图3－44　护卫舰

1—舰炮;2—搜索雷达;3—火控雷达;4—回转式诱饵发射装置;5—对海搜索雷达;6—对空/对海搜索雷达;7—鱼雷发射管;8—火控雷达;9—制导雷达;10—反舰导弹发射装置;11—防空导弹发射装置;12—直升机;13—紧凑型炮;14—舰壳中频主动声呐

第六节 登 陆 舰

登陆舰又称两栖舰艇，它是为运送部队抵达海滩实施登陆作战并输送武器装备、补给品而专门制造的舰艇。它包括多种类型，一般平底，吃水很浅。

一般情况下上层甲板设置有指挥室、控制舱、医疗救护舱及一些居住舱；下层甲板设置有舰员和登陆部队的居住舱、办公室及厨房。甲板以下则是登陆舱，分前后两段。前段是装甲车辆储存舱，外壁设有一跳门，车辆可通过门直接登陆上岸。后段是一个巨型船坞登陆舱，主要用来停泊大、小型气垫登陆艇、机械登陆艇或车辆人员登陆艇。

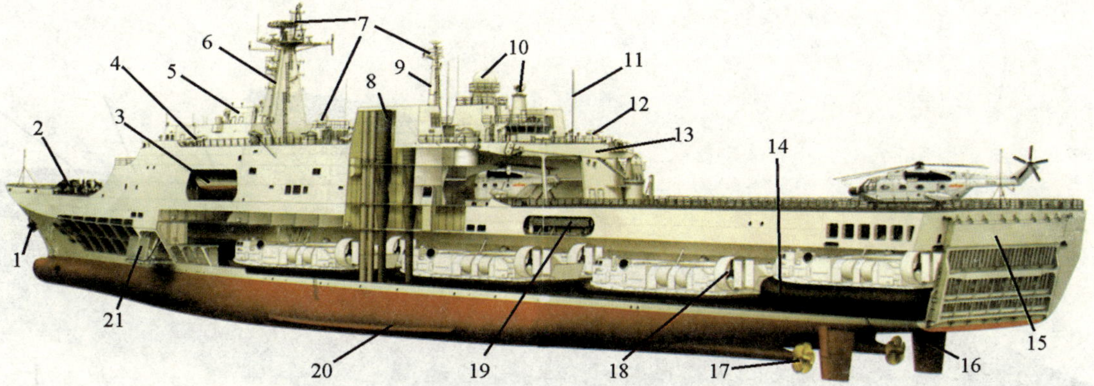

图 3-45 登陆舰

1—锚；2—锚机；3—快艇；4—充气式救生筏；5—驾驶室；6—前桅；7—雷达；8—烟囱；9—后桅；10—雷达；11—无线电天线；12—舰炮；13—起重机；14—气垫船；15—艉门；16—舵；17—螺旋桨；18—气垫船空气螺旋桨；19—舷梯；20—舭龙骨；21—舷门

第七节　潜　　艇

潜艇是一种能潜入水下活动和作战的舰艇。主要用于攻击敌方水面舰船和潜艇,袭击敌方沿岸主要设施和岸上的重要目标,破坏敌海上交通线,也可用于布雷、侦察等。潜艇具有隐蔽性好、机动灵活、自给力及续航力较大、突袭力较强的特点。它能很好地隐蔽自己,出其不意地攻击敌方舰船。

一、常规潜艇

常规潜艇(如图 3 - 46 所示)是以柴油机 - 电机、蓄电池或不依靠外来空气的动力装置(AIP)等为推进动力源的潜艇。常规潜艇一般是用柴油机作为动力源,边航行边带动发电机给电池充电的。由于柴油机工作需要大量的氧气,因此只有在水面状态、半潜状态和通气管状态航行时才能充电。

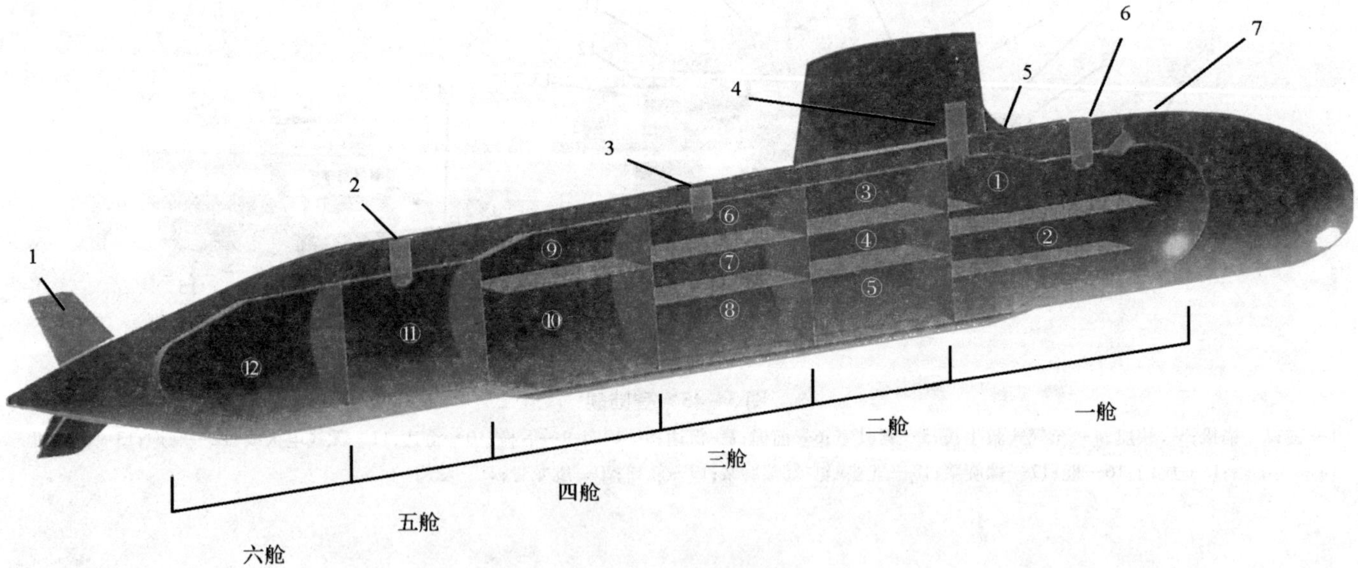

图 3 - 46　常规潜艇

1—X 形艉舵;2—后部逃生口;3—中部逃生口;4—指挥台围壳出入口;5—指挥台围壳前缘根部的填角过渡结构;6—前部逃生口;7—鱼雷装载口

图 3 – 46 所示潜艇内各舱室名称：①鱼雷发射管舱；②艇员居住舱；③指挥舱、艇长室；④电信室、电子设备室、艇员居住舱；⑤前蓄电池舱；⑥军官居住舱；⑦食堂、烹调室；⑧后蓄电池舱；⑨AIP 系统舱（发动机室）；⑩AIP 系统舱（液氧罐室）；⑪主机舱；⑫主推进电机舱。

图 3 – 47 所示为过渡型常规潜艇。图 3 – 48 所示为不依赖空气推进的常规潜艇——AIP 潜艇。

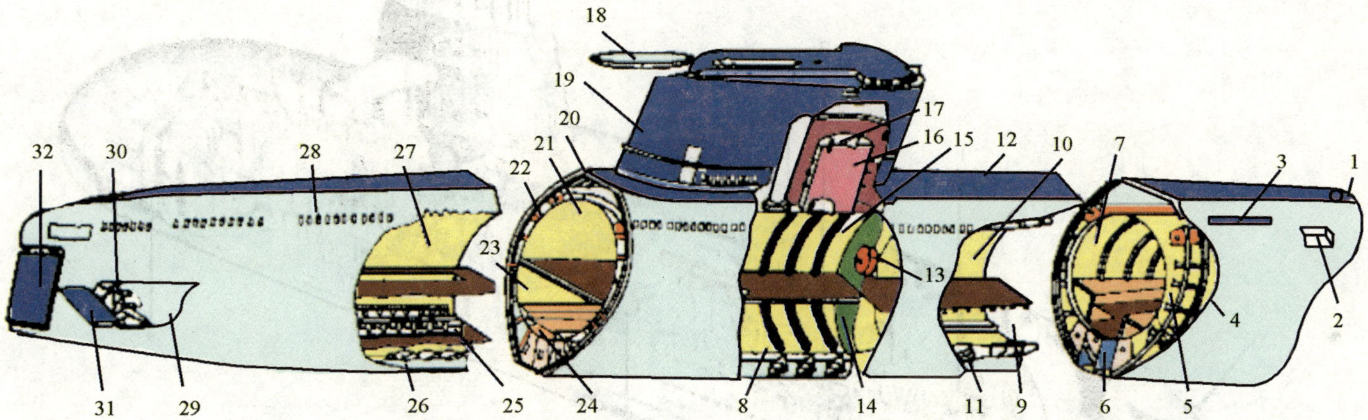

图 3 – 47　过渡型常规潜艇

1—拖船孔；2—锚孔；3—艏升降舵；4—外壳板；5—耐压壳板；6—龙骨立板；7—艏鱼雷舱；8—主压载水舱；9—艏蓄电池舱；10—居住舱；11—肋骨；12—上甲板；13—圆形水密门；14—耐压舱壁；15—中央舱；16—耐压指挥室；17—升降口；18—柴油机水下排气管；19—指挥室围壳；20—上层建筑；21—艉蓄电池舱；22—主压载水舱；23—居住舱；24—燃油舱；25—柴油机基座；26—主压载水舱；27—柴油机舱；28—上层建筑流水孔；29—稳定翼；30—螺旋桨；31—艉升降舵；32—方向舵

图 3－48　不依赖空气推进的常规潜艇——AIP 潜艇

1—水磁主推进电机；2—柴油发电机组；3—储氧罐；4—武器发射、储存舱；5—燃料电池；6—金属氢化物圆筒

二、核潜艇

核潜艇(如图 3 - 49 所示)是以核能为推进动力源的潜艇,即是以核反应堆为动力来源设计的潜艇。由于这种潜艇的生产与操作成本,加上相关设备的体积与质量,只有军用潜艇才采用这种动力来源。

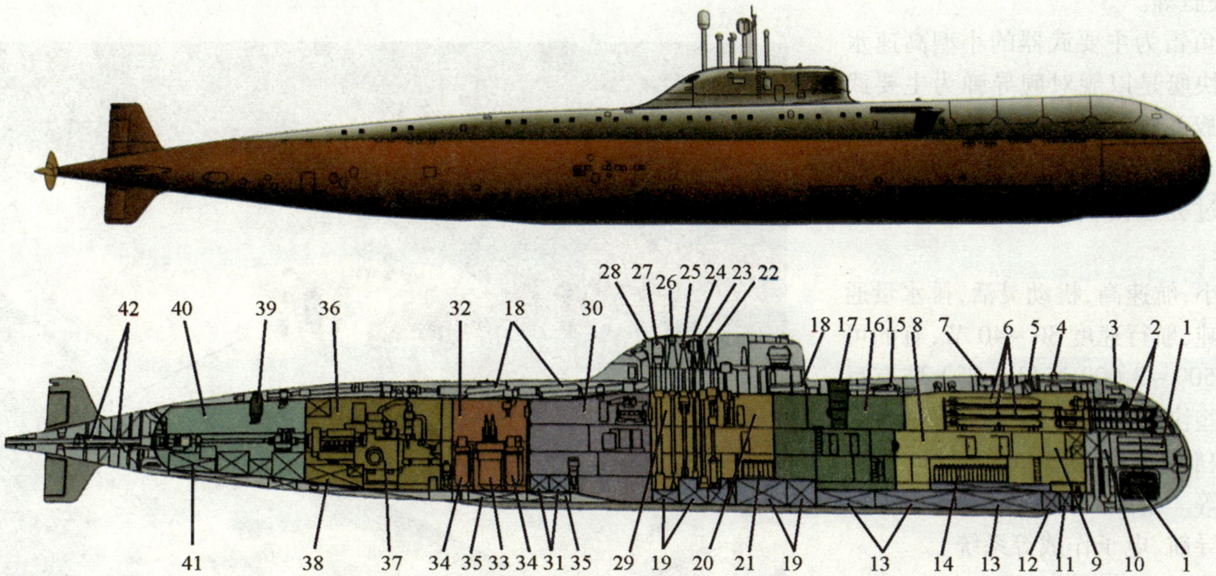

图 3 - 49　核潜艇

1—声呐站主基阵;2—鱼雷发射管;3—导航环视探测器;4—起锚绞盘;5—鱼雷装载舱口;6—备用鱼雷;7—艏救生浮标;8—艏舱(导弹和鱼雷);9—反舰导弹射击控制系统部位;10—艏纵倾平衡水舱;11—环形间隙水舱;12—鱼雷补重水舱;13—耐压的主压载水舱;14—艏蓄电池组;15—艏水平舵;16—第二舱(住舱);17—漂浮救生舱;18—高压气瓶;19—调整水舱;20—第三舱(中央舱);21—艉蓄电池组;22—潜望镜;23—通信系统天线;24—无线电测向仪天线;25—雷达天线部位;26—雷达站;27—搜索雷达;28—用于放置升降装置天线的电缆沟;29—中央部位;30—第四舱(辅机舱);31—给水水舱;32—第五舱(反应堆舱);33—反应堆;34—蒸汽发生器;35—防护水舱;36—第六舱(汽轮机舱);37—蒸汽轮机;38—透平润滑油舱;39—艉出入舱口;40—艉舱;41—柴油舱(柴油用于柴油发电机);42—艉舵传动装置

第八节 快 艇

快艇是舰艇中的短跑冠军，最大航速可达 40 ~ 60 节，有“海上轻骑兵”之称。快艇按装备的武器可分为鱼雷快艇、导弹快艇(如图 3 – 50 所示)和导弹鱼雷快艇等。

鱼雷快艇是以鱼雷为主要武器的小型高速水面战斗舰艇。导弹快艇是以舰对舰导弹为主要武器的小型高速水面战斗舰艇。除了执行攻击任务以外，可担负巡逻、警戒、反潜、布雷等其他任务。导弹快艇已经取代过去鱼雷快艇在水面作战中的角色。

导弹快艇吨位小，航速高，机动灵活，排水量通常为数十吨至数百吨，航行速度 30 ~ 40 节，有的可达 50 节，续航能力 500 ~ 3 000 海里。艇上装有反舰导弹 2 ~ 8 枚，有些快艇还加装 20 ~ 76 毫米口径舰炮，吨位较大的快艇还可能包含鱼雷、水雷、深水炸弹和舰对空导弹等。搭配的传感系统有搜索、探测、武器控制、通信导航、电子作战等系统。

图 3 – 50 导弹快艇

1—系泊绞车；2—火箭炮；3—救生筏；4—艉炮；5—烟囱；6—支桅索；7—瞭望台；8—雷达；9—主炮；10—锚索；11—锚绞车；12—火箭炮；13—导弹发射装置

第四章 工作船各部分名称

工作船主要是指完成特定工作任务的船舶。一般包括：工程船（挖泥船、起重船、布设船、救捞船、破冰船、打桩船、浮船坞、海洋开发船、钻井船、钻井平台等）、港务船（拖船、引航船、消防船、供应船、交通船、助航工作船等）、海洋调查船（海洋综合调查船、海洋专业调查船、深潜器等）。

第一节 起 重 船

起重船是专门用于起重的工程船，甲板上装有起重设备，专供水上作业起吊重物用，又叫浮吊。起重船一般分为全旋转式起重船（如图4－1所示）和固定式变幅自航起重船（如图4－2所示）两种类型。前者起重臂能够360°回转；后者吊臂固定在船上的一个方向，整个船靠拖轮拖带转向或是靠船向各个方向抛锚，通过牵拉不同方向的锚链而实施重物回转的。起重船大多为非自航式，由拖轮拖带移动。浮吊的起重量从几十吨到几百吨不等，我国已建成3 000吨起重量的全回转起重船。

图4－1 全旋转式起重船

图4－2 固定式变幅自航起重船

图 4－3 所示为深水铺管起重船。图 4－4 所示为起重打桩船。

图 4－3　深水铺管起重船

图 4－4　起重打桩船

第二节 救 捞 船

救捞船(如图 4 -5 所示)是救捞工程的工作母船,也是整个救捞工程的指挥中心,专用于打捞沉船或抢救遇难船舶。在一般救捞船上都配备有甲板减压舱、下潜减压舱、救助绞车、收放式深潜器、封舱抽水及除泥清舱等的设备。救捞船自航时要求有较高航速,它与驳船、拖船和浮筒等打捞设备一起配合进行救捞活动。

图 4 -6 所示为"南海救 101"号救捞船。

图 4 -5 救捞船

1—直升机甲板;2—救助器材舱;3—消防水炮;4—雷达;5—折臂式液压克令吊;6—带缆桩;7—舵和螺旋桨;8—救生网放置区;9—救助艇;10—减摇鳍

图 4-6 “南海救 101”号救捞船

1—直升机;2—直升机甲板;3—驾驶室;4—消防水炮;5—烟囱;6—雷达;7—救生艇;8—吊艇架;9—折臂式液压克令吊;10—救生筏;11—营救区;12—救助艇;13—护舷材;14—带缆桩

第三节 测 量 船

海洋测量船是一种能够完成海洋环境要素探测、海洋各学科调查和特定海洋参数测量的船只。凡是能够完成海洋空间环境测量任务的船舶,均可称为海洋测量船。图4-7所示为水文测量船。图4-8所示为远洋3号测量船。早期的测量船仅仅完成单一的海洋水深测量,主要用于保障航道安全。随着社会的进步和科学技术的发展,海洋测量从单一的水深测量拓展到海底地形、海底地貌、海洋气象、海洋水文等方面,还涉及到地球物理特性、航天遥感和极地参数测量。现代海洋调查船综合作业能力很强,不同学科、不同专业领域的任务互相交叉,在完成主要使命任务的平台上,同时具备相当广泛的通用海洋参数测量能力。

图4-7 水文测量船

1—锚;2—导缆孔;3—起锚机;4—舱口;5—探照灯;6—电子对抗装置;7—风向仪;8—主桅;9—导航雷达天线;10—船楼;11—烟囱;12—后桅;13—滑车;14—门型起吊弓架;15—螺旋桨;16—绞车;17—汽艇;18—小艇;19—舭龙骨;20—声呐导流罩;21—艏侧推器

图 4－8　远望 3 号测量船

第四节 破 冰 船

破冰船（如图 4－9 所示）是用于破碎水面冰层，开辟航道，保障舰船进出冰封港口、锚地，或引导舰船在冰区航行的工程船。破冰船船身短而宽，长宽比值小，底部艏艉上翘，艏柱尖削前倾，总体强度高，艏艉和水线区用厚钢板和密骨架加强。破冰时，艏部压挤冰层在行进中连续破冰或反复突进破冰。

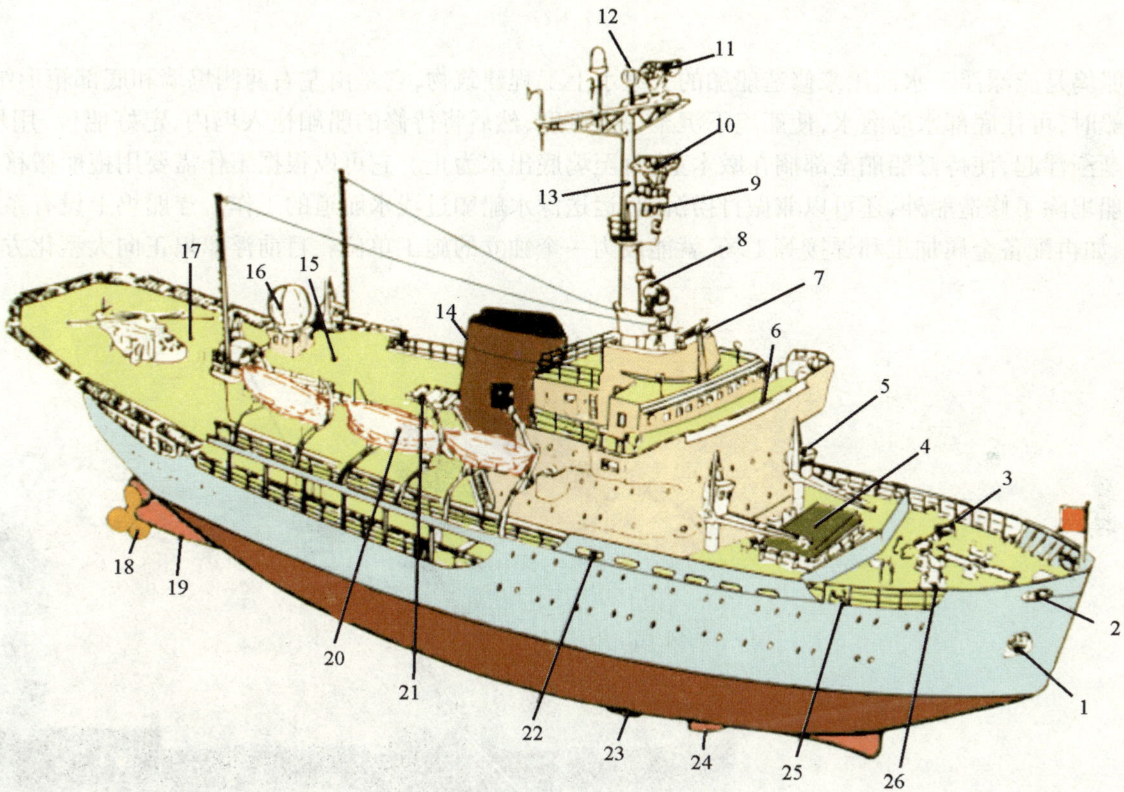

图 4－9 破冰船

1—锚；2—导缆钳；3—锚机；4—舱口盖；5—吊车；6—船楼；7—罗经；8—探照灯；9—桅杆瞭望台；10—导航雷达天线；11—环视雷达天线；12—无线电测向天线；13—主桅；14—烟囱；15—直升飞机库；16—雷达；17—直升机甲板；18—螺旋桨；19—轴包套；20—救生艇；21—天窗；22—排水孔；23—回声测深器；24—声呐；25—导缆钳；26—系缆桩

第五节 浮 船 坞

浮船坞是能漂浮于水面用来修造船舶的大型水上工程建筑物，它是由左右两侧坞墙和底部箱形结构组成的凹形建筑，如图 4 – 10 所示。需要抬船时，可往底部水舱灌水，使船坞下沉至一定深度，然后将待修的船舶拖入坞内，定好船位，用坞内的强力水泵将水舱内的水排出，于是船坞渐渐浮起，使待修船舶全部搁在墩木上，直至坞底出水为止。它可以根据工作需要用拖船搬移位置。

浮船坞除了修造船外，还可以兼做打捞沉船、运送深水船舶过浅水航道的工作。浮船坞上设有系缆、锚泊、起重、动力和照明等设备和生活设施，如再配备金属加工和焊接等工场，就能成为一个独立的施工单位。目前浮船坞正向大型化方向发展。

图 4 – 10 浮船坞

1—压载水舱；2—带缆桩；3—起重机；4—左右两侧坞墙（一般备有大功率的水泵、空气压缩机、电焊机、加工机床工具室、电气室以及照明通风设备）

第六节　消　防　船

消防船是对港内船舶或岸边建筑物消防灭火工作用的船舶。如图 4－11 所示，消防船的外形很像拖船，所以也有兼作拖船的。消防船上设有高压水泵、喷射水枪以及水幕系统。为适应油船灭火需要还设有专门的泡沫消防枪。船上还设有液压升降平台，用于扑救高处火灾。消防船一般漆成红色，从外观上很易识别。消防船还要求具有良好的操纵性，使其能在狭窄的水道或拥挤的港口内执行消防任务。

图 4－11　消防船

第七节　拖　　船

拖船是用来拖曳没有自航能力的船舶、木排，协助大型船舶进出港口、靠离码头，或救助海洋遇难船只的船舶，其结构如图 4－12 所示。拖船没有装载货物的货舱，船身不大，但却装有大功率的推进主机和拖曳设备，所以拖船具有个子小、力气大的特点。拖船分为海洋拖船、港作拖船和内河拖船三种。

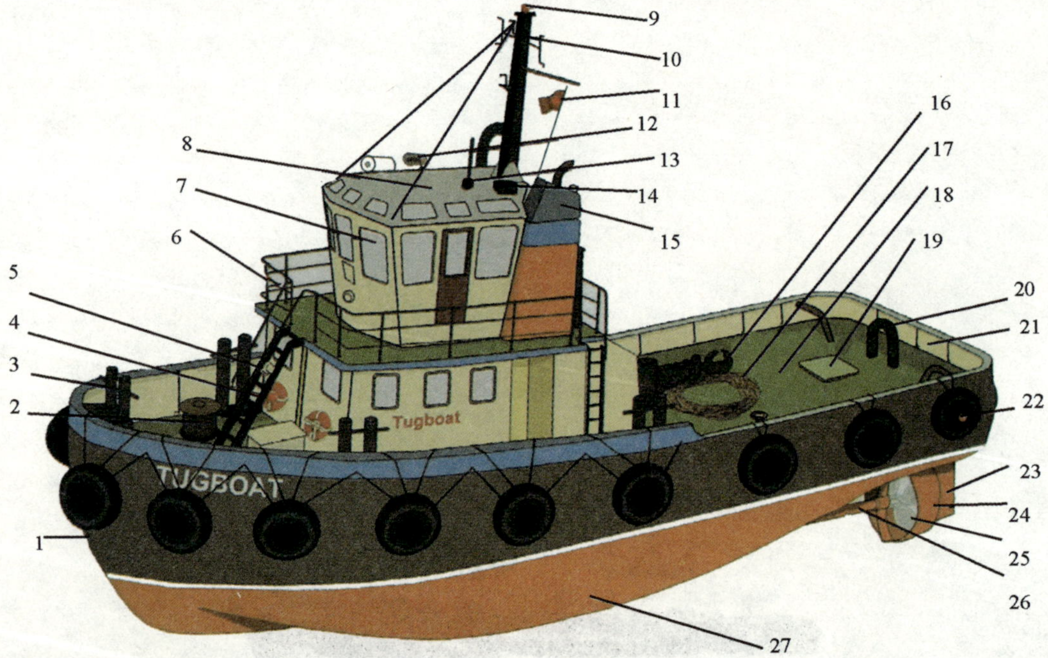

图 4－12　拖船

1—船首；2—绞车；3—H 型系缆桩；4—救生圈；5—桥楼梯；6—护栏；7—观察窗；8—驾驶室；9—航行桅灯；10—主桅；11—旗帜；12—船笛；13—天线；14—信号灯；15—烟囱；16—吊钩；17—缆索；18—主甲板；19—舱口盖；20—液压轴销；21—船舷；22—防撞轮胎；23—舵板；24—导流管；25—螺旋桨；26—艉轴；27—船体

第八节　补　给　船

给停靠港口的船舶分别供应燃油和淡水的小型液货船称为补给船，如图 4 - 13 所示。船上备有计量装置，以便按量收费。补给船分自航和非自航两种。非自航的就是油驳或水驳，由拖船拖带，但本身也备有小型动力装置用于驱动输油泵或输水泵。

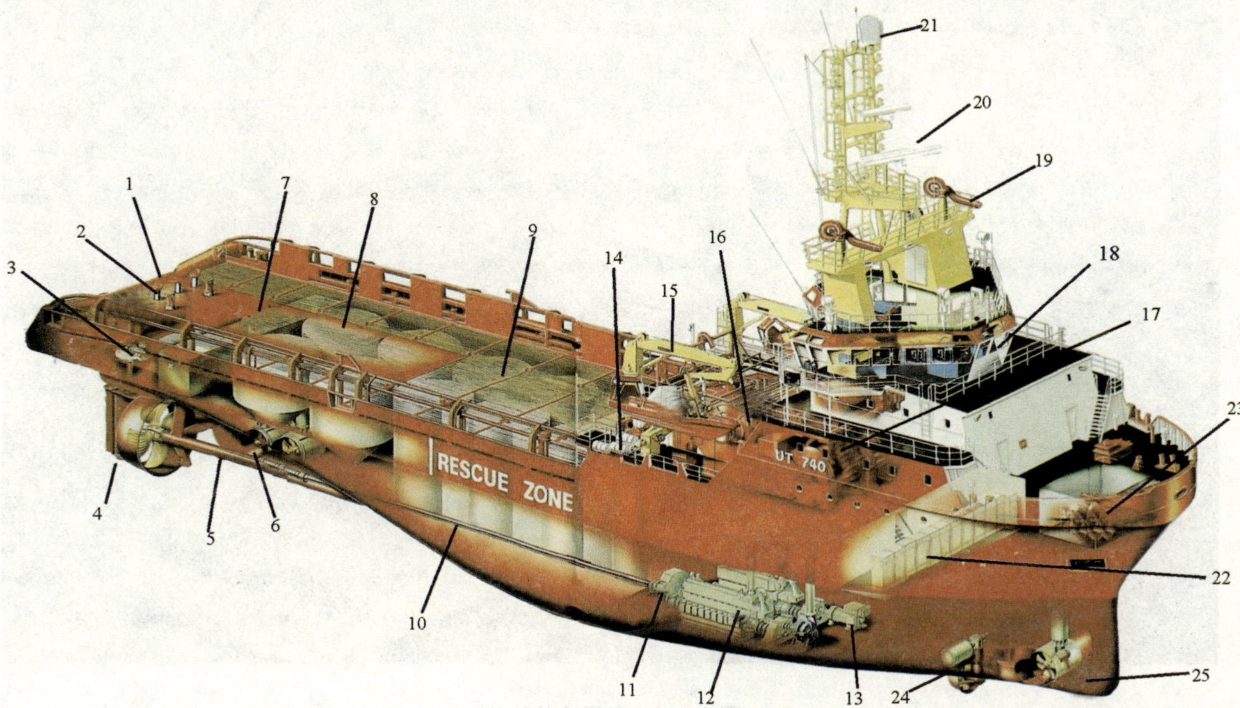

图 4 - 13　补给船

1—起锚艉滚筒；2—起锚限位器；3—舵机；4—舵和螺旋桨；5—艉轴管；6—侧推器；7—甲板；8—干货舱；9—液货舱；10—中间轴；11—变速箱；12—主机；13—消防泵；14—救生筏；15—吊艇架；16—起锚卷筒；17—绞车；18—船楼；19—消防监控台；20—雷达天线；21—通信天线；22—水密舱壁；23—锚机；24—方位侧推器；25—艏侧推器

图 4 - 14 所示为多用途补给船，它是一种可以进行运输、交通、补给等多项工作的船舶。

图 4 - 14　多用途补给船

第五章　渔船各部分名称

渔船是用以捕捞和采收水生动植物的船舶，它还包括现代捕捞生产的一些辅助船只，如进行水产品加工、运输、养殖、资源调查、渔业指导和训练以及执行渔政任务等的船舶。渔船有不同的分类方法，按作业水域可分为海洋渔船和淡水渔船，海洋渔船又分沿岸渔船、近海渔船、远洋渔船；按船体材料可分为木质渔船、钢质渔船、玻璃钢质渔船、铝合金渔船、钢丝网水泥渔船以及各种混合结构渔船；按推进方式可分为机动渔船、风帆渔船、手动渔船；按渔船所担负的任务可分为捕捞渔船和渔业辅助船两大类。捕捞渔船按渔法、渔具又可分为网类渔船、捕鲸船、捕虾船等。

第一节　网 类 渔 船

网类渔船可分为围网渔船（如图 5－1 所示）和拖网渔船（如图 5－2 所示）。围网渔船是捕捞中层以上鱼类的船，主要使用风网、对船网、围网、独捞网等渔具；拖网渔船是主要用于捕捞底层鱼类、进行海底拖网作业的渔船，这类渔船具有强大的拖力，一般有对拖、艉拖和舷拖三种方式。

图 5－1　围网渔船

1—船楼；2—前桅；3—起货吊杆；4—后桅；5—起网吊杆；6—吊艇架；7—围网

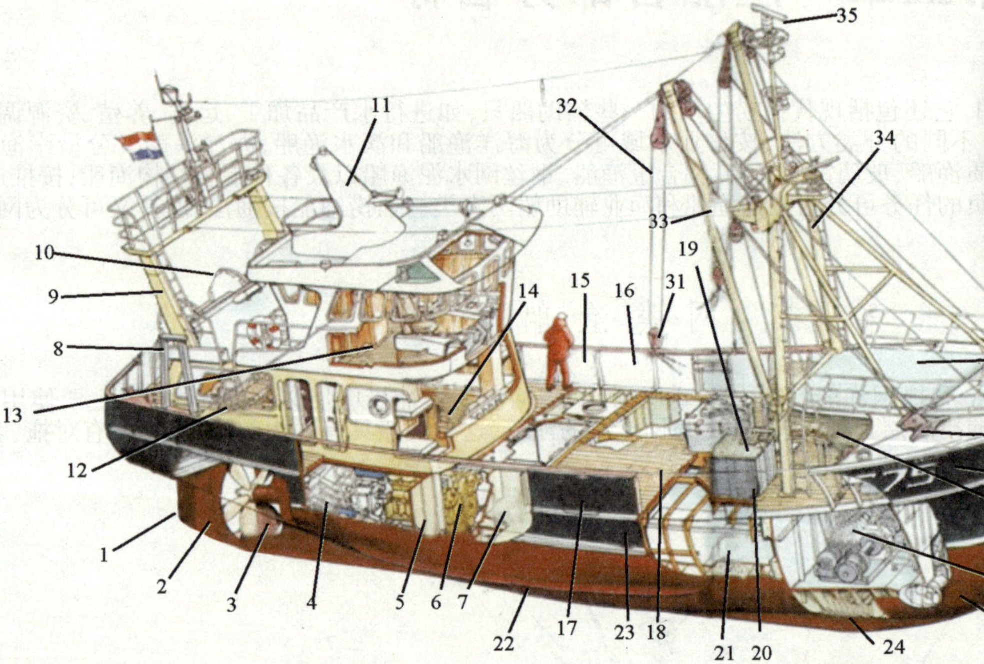

图 5－2　拖网渔船

1—舵;2—导流管;3—螺旋桨;4—机舱;5—机舱舱壁;6—主机;7—燃油舱;8—右舷支架;9—艉桅杆;10—渔网卷筒;11—烟囱;12—休息室;13—操作室;14—船舱;15—舷墙;16—舷墙加强筋;17—排水孔;18—甲板;19—鱼舱舱口;20—斜槽;21—鱼舱;22—舭龙骨;23—舷侧外板;24—双层底;25—艏部侧推器;26—船名;27—捕鱼绞车;28—传送带;29—鱼线导轮;30—艏楼甲板;31—鱼线滑轮;32—鱼线;33—吊杆;34—桅杆;35－雷达

第二节 特种渔船

特种渔船主要指捕捞某一种固定渔获物的船舶，如捕虾船、捕鲸船等。这类渔船一般除渔网外还具有特定的捕捞工具，例如捕虾船的捕虾笼、捕鲸船的捕鲸炮等。

一、捕虾船

捕虾船一般采用捕虾网、捕虾笼进行捕虾作业，图 5－3 和图 5－4 分别是采用这两类捕虾渔具的捕虾船。

图 5－3 捕虾网捕虾船

图 5－4 捕虾笼捕虾船

二、捕鲸船

捕鲸船是进行捕鲸作业的专用渔船，和一般渔船作业方式完全不同。对于鲸鱼来说，采用网具捕捞是不可能的，捕捞鲸鱼的工具是捕鲸炮。

捕鲸船一般为单甲板型，甲板上装有捕鲸绞机和成对的带缆柱。舷墙板上开有成对的曳鲸孔，用于拖曳渔获物。机舱位于中后部，驾驶室设于中前部。驾驶室前端设有桅杆，上面设有瞭望指挥台，供观察鲸的动向和指挥猎捕用。船首设有捕鲸炮台，炮台上装有捕鲸炮，有效射程为 50 ~ 60 米。由于鲸资源严重衰退，近年来各国已很少建造捕鲸船。

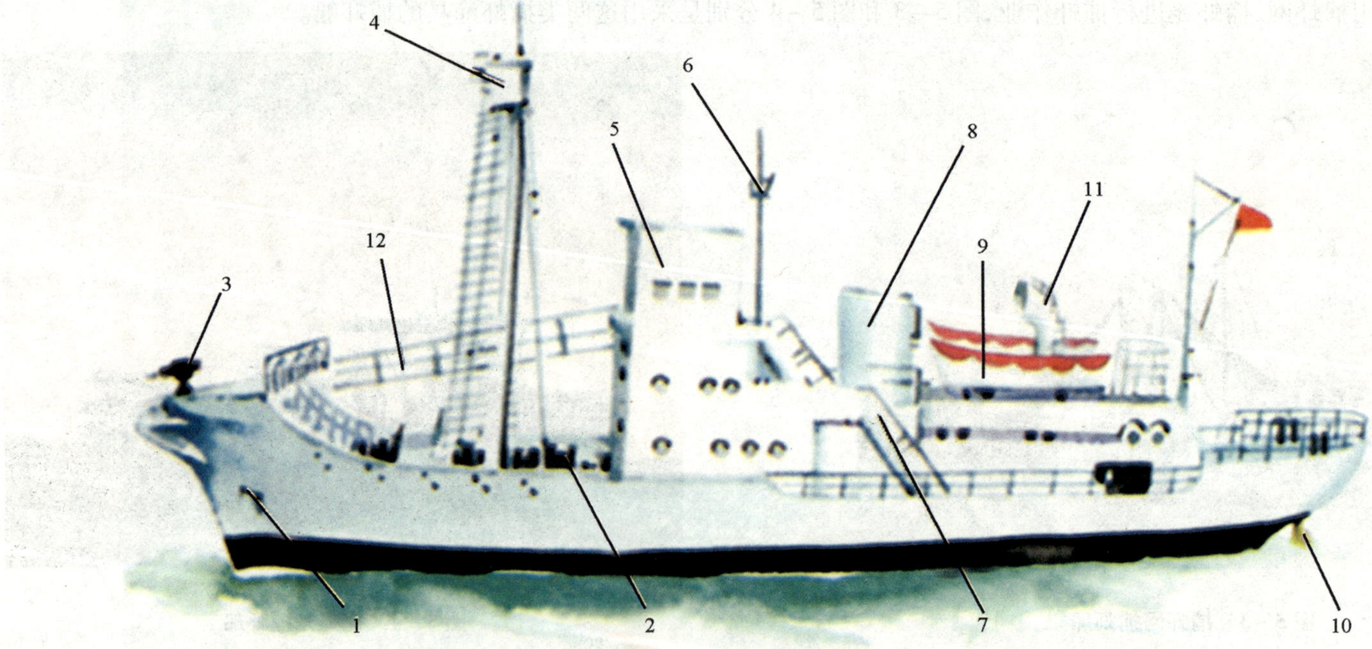

图 5 – 5　捕鲸船

1—锚；2—捕鲸绞车；3—捕鲸炮；4—桅杆瞭望台；5—驾驶室；6—桅杆；7—楼梯；8—烟囱；9—小艇；10—螺旋桨；11—通风筒；12—步桥

第六章　船舶舾装设备名称

按专业类别不同，现代造船将舾装分为船装、机装（机舱舾装）和电装（电气舾装）三大类。其中，船装指除机舱设备和电气以外所有的安装和处理工作。为了便于船装作业的组织和管理，通常将其进一步划分为内舾装和外舾装两大类。

内舾装作业包括绝缘、敷料等的敷设，舱室非钢质围壁、天花板、门、窗、家具、卫生设备等的安装以及厨房、冷库、空调设备的安装等。其作业范围主要是在上层建筑舱室内部，因而称为内舾装，也叫做住舱舾装，简称内装。

外舾装作业包括舵设备、锚设备、系泊设备、拖曳设备、救生设备、起货设备、舱口盖和滚装设备、消防杂件、自然通风部件以及各种管路的安装。此外，根据不同用途船舶的需要，外舾装作业还包括集装箱绑扎装置、运木装置、活动甲板、延伸跳板、防滑天桥和各种特殊装置的安装。因为这些设备分布在上层建筑以外各层甲板上，所以称为外舾装，也叫做甲板舾装，简称外装。

第一节　螺　旋　桨

为了使船舶能够保持一定的速度向前航行，必须供给船舶一定的推力，以克服其所受的阻力。作用在船上的推力是依靠能源来产生的，能源的来源多种多样，如人力、自然力以及各种形式的主机。但是仅有能源是不能推船前进的，船上还需要设有将能源发出的能量转换成推力的专门装置或机构，这种专门装置或机构统称为推进器，例如桨、橹、帆以及明轮、螺旋桨等。图 6 – 1 所示为螺旋桨结构简图。

螺旋桨是目前应用最为广泛的一种推进器，它通常装于船的尾部。中线处装一桨的船舶称为单桨船；在船左、右各装一桨的船舶称为双桨船。一般来说，运输船舶中的货船为单桨船，客船为双桨船，也有三桨船或四桨船的。螺旋桨由桨叶 1 和桨毂 2 组成，一般桨叶和桨毂制成整体，桨毂中间开有圆锥台形的孔，以便让艉轴 4 的后部穿入。在艉轴的后部也加工成圆锥台形，用以承受螺旋桨的推力。桨毂和艉轴两圆锥台形互相贴合，贴合面处开一键槽，镶以键，使艉轴带动螺旋桨旋转。艉轴后端有螺纹，将它穿入螺旋桨桨毂后用螺母旋紧，使螺旋桨倒车时不致脱落。为了减小阻力，螺母外罩以整流帽 3。

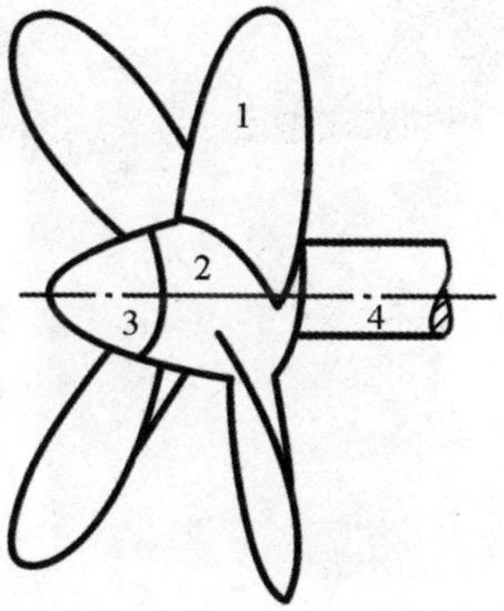

图 6 – 1　螺旋桨

1—桨叶；2—桨毂；3—整流帽；4—艉轴

螺旋桨推进器由若干个叶片等距（等分角）固定在桨毂上，一般为二至六个叶片，但最常用的是三叶和四叶。当螺旋桨转动时，桨叶拨水向后，而自身受到水流的反作用力，其推力通过桨轴和推力轴承传递至船体上。螺旋桨构造简单,造价低廉,使用方便,效率较高。

螺旋桨安装属于机装范畴,艉轴另一端连接主机,现在主机一般采用柴油机。船体、主机、螺旋桨是一个复杂的联动机构,主机是能量的提供者,螺旋桨是能量的转换器,而船体是能量的需求者。因此,船体、螺旋桨、主机之间的能量转换及工作状态是相互牵制和相互关联的。

图 6-2 所示为推进系统的结构简图。图 6-3 所示为艉轴的结构简图。

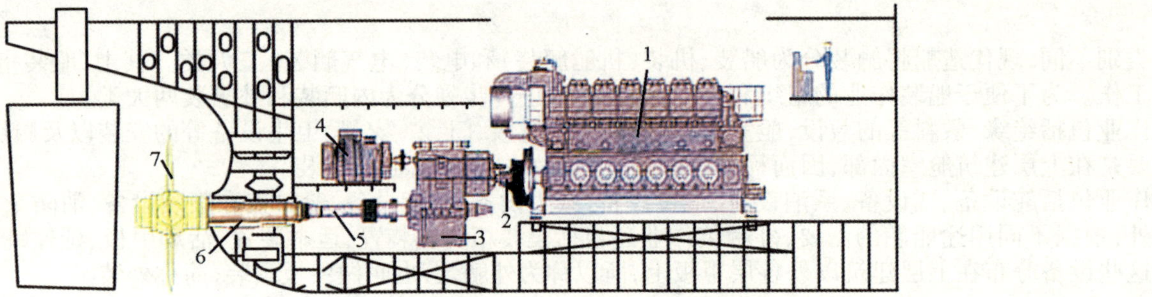

图 6-2　推进系统

1—主机;2—主机轴;3—减速齿轮箱;4—发电机;5—螺旋桨;6—艉轴;7—螺旋桨

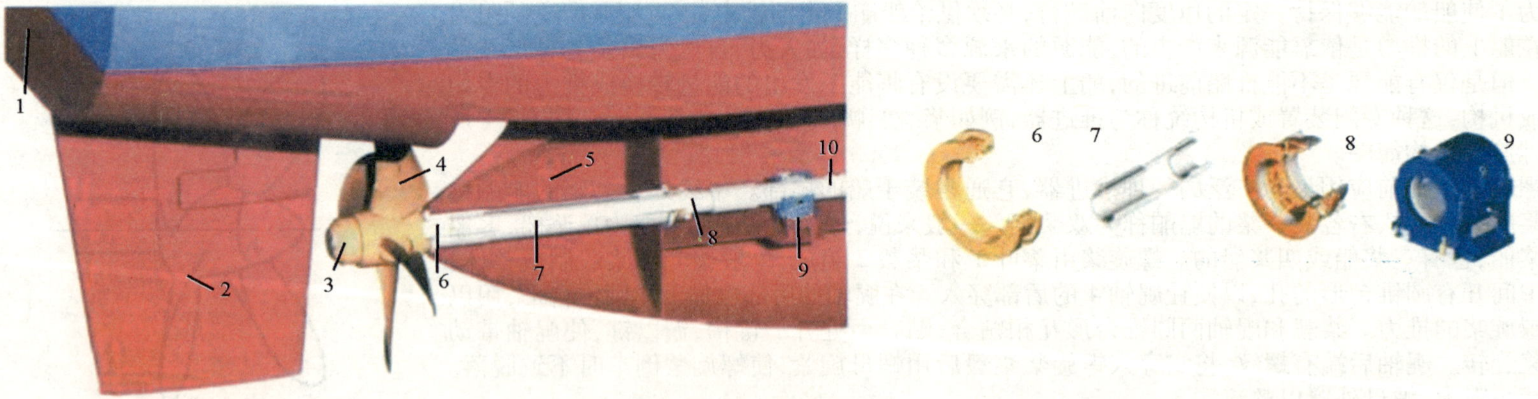

图 6-3　艉轴

1—船尾;2—舵;3—整流帽;4—螺旋桨;5—轴壳板;6—艉轴后密封垫;7—艉轴;8—艉轴前密封垫;9—中间轴承;10—螺旋桨轴

根据不同船舶工作条件的要求，一些特种推进器在普通螺旋桨的基础上发展起来，例如拖网渔轮和拖轮等多工况船舶一般采用的导管螺旋桨（如图 6 -4 所示），即在普通螺旋桨的外围安装一种纵剖面为机翼型的圆筒，这种圆筒称为导流管。在负荷较重时，其效率比普通螺旋桨高。

图 6 -4　导管螺旋桨

1—连接主机的水平轴；2—垂直轴上的水平齿轮箱；3—垂直轴；4—水平螺旋桨轴上的垂直齿轮箱；5—导流管；6—螺旋桨桨叶

第二节　舵　设　备

舵是船舶的主要操纵设备。当它转动时，舵上产生的水动力合力在垂直于流体运动方向上的分力相对船体重心取矩形成了转船力矩。舵的型式很多，普通舵常见的有：舵踵支撑的舵、半悬挂舵、悬挂舵(如图6－5～图6－7所示)。

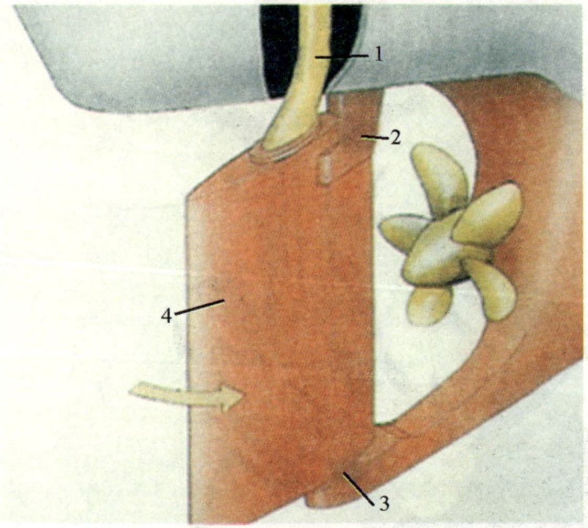

图6－5　舵踵支撑的舵

1—舵杆；2—挂舵臂；3—舵踵；4—舵叶

图6－6　半悬挂舵

1—挂舵臂；2—舵叶；3—舵杆；4—舵钮；5—防腐蚀块

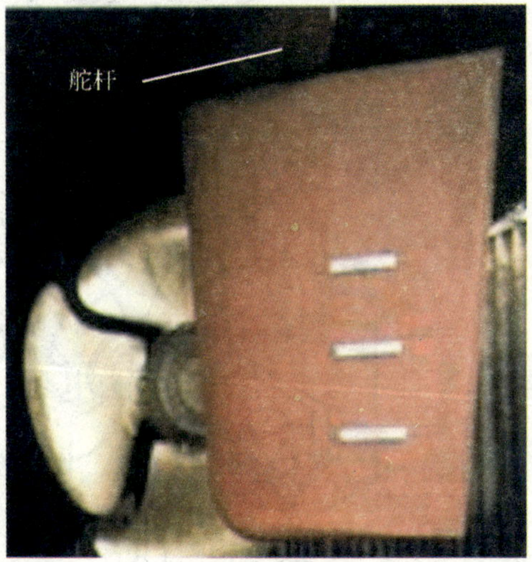

图6－7　悬挂舵

除了常规普通舵以外，为了提高舵的效能和螺旋桨的效率，还有很多型式各异的特种舵。特种舵常见的有：反应舵、整流帽舵、差动舵、主动舵、麦鲁舵、襟翼舵(如图6－8～图6－13所示)。反应舵是舵叶的导缘以螺旋桨轴为界，上下向左右扭曲。整流帽舵是在单螺旋桨船舶上，顺着螺旋桨轴线，在舵上设置整流帽，其形状为对称机翼剖面的旋转体或近似于椭圆体。差动舵是由三个或三个以上的舵组成的舵组，转舵时各舵的舵角各有差异。主动舵是将普通舵同小型导管螺旋桨组合为一体，转舵时处于舵叶中部后缘的螺旋桨一起转动，在舵剖面中心线方向产生推力。麦鲁舵是在普通流线型舵叶的内部前后缘交叉焊很多平行的钢管，管的进出口与舵的叶面焊平封闭，并将进出口分别安设在舵叶左右舷。若进口安设在舵叶左舷，则出口安设在舵叶右舷；反之，进口在右舷的，则出口在左舷。相邻两钢管交叉排列，船航行时,水流可从两侧经内流过。襟翼舵是在普通流线型舵的后缘加一流线型艉,形成一个主舵与襟翼的组合体。当主舵转舵时,襟翼随同主舵转动,同时通过随从操纵机构使襟翼相对于主舵转动一个舵角,相当于增加了全舵剖面的拱度,使水流产生更有利的折射,从而提高舵效,当主舵处于正中位置时,襟翼起着艉鳍的作用。

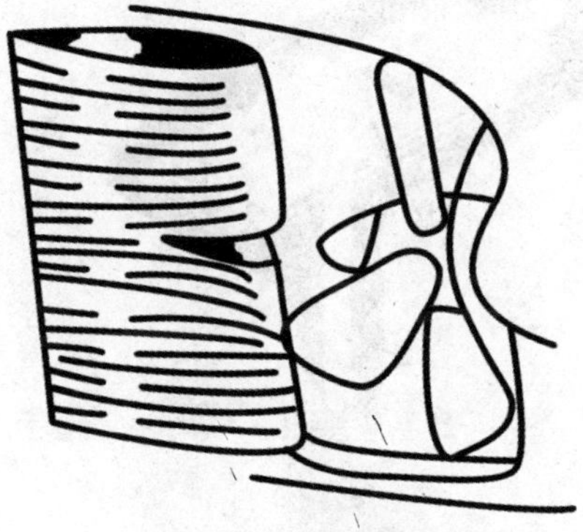

图6-8　反应舵

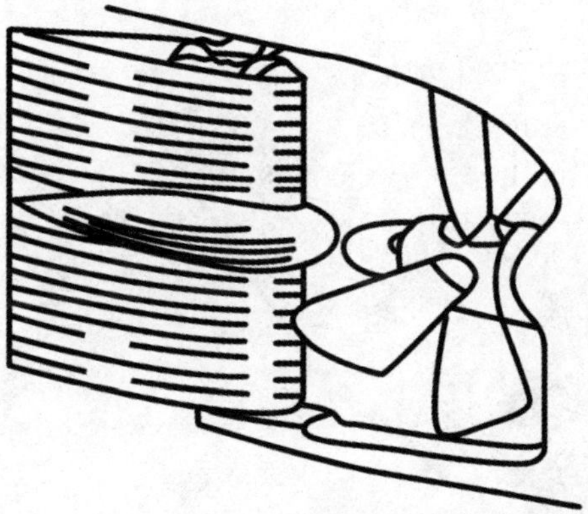

图6-9　整流帽舵

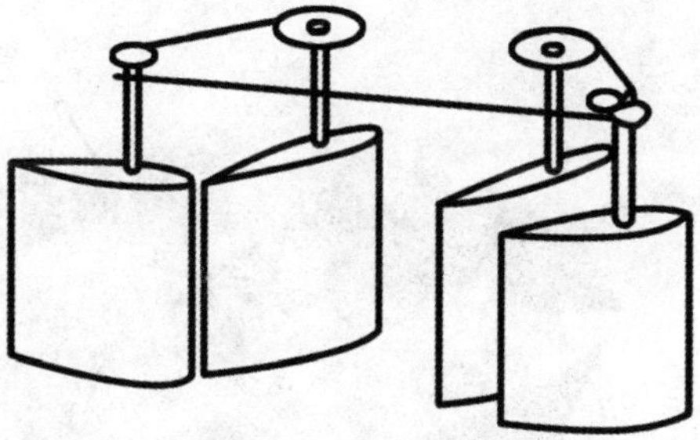

图6-10　差动舵

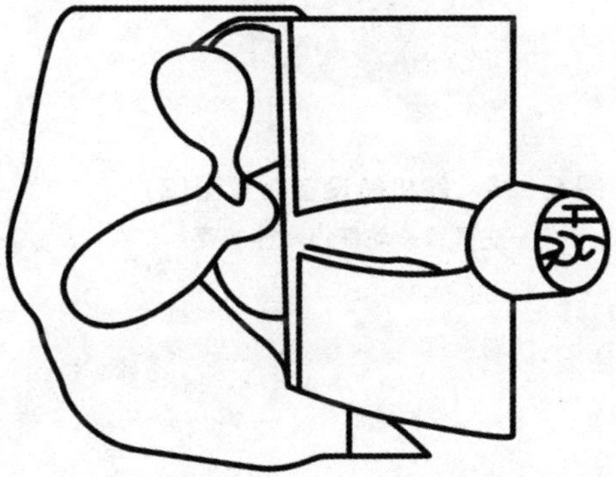

图6-11　主动舵

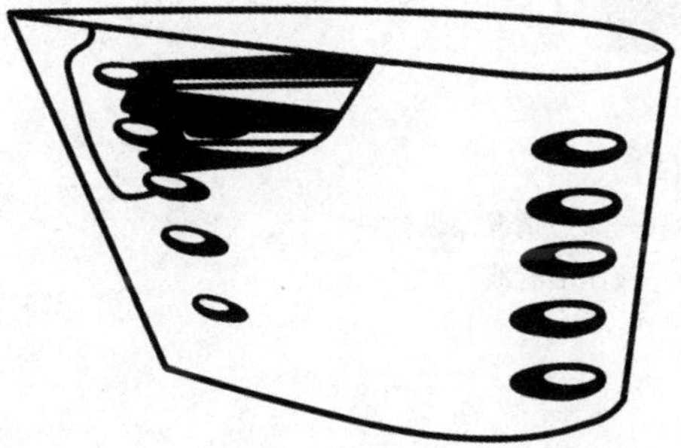

图6-12　麦鲁舵

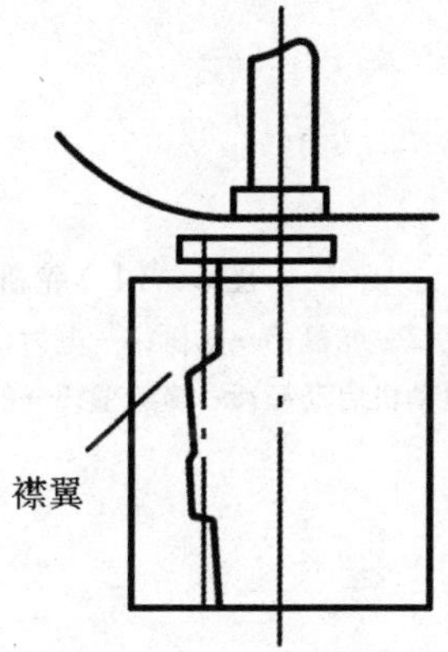

图6-13　襟翼舵

为在规定时间内将舵转到所需要的角度并保证其有效工作，除了舵以外还需要有其他的装置，例如舵机、转舵装置等。舵机是带动舵转动的机械，是转舵的原动力。转舵装置的作用是把舵机的动力传递给舵。图 6－14 和图 6－15 为舵机舱设备布置图。

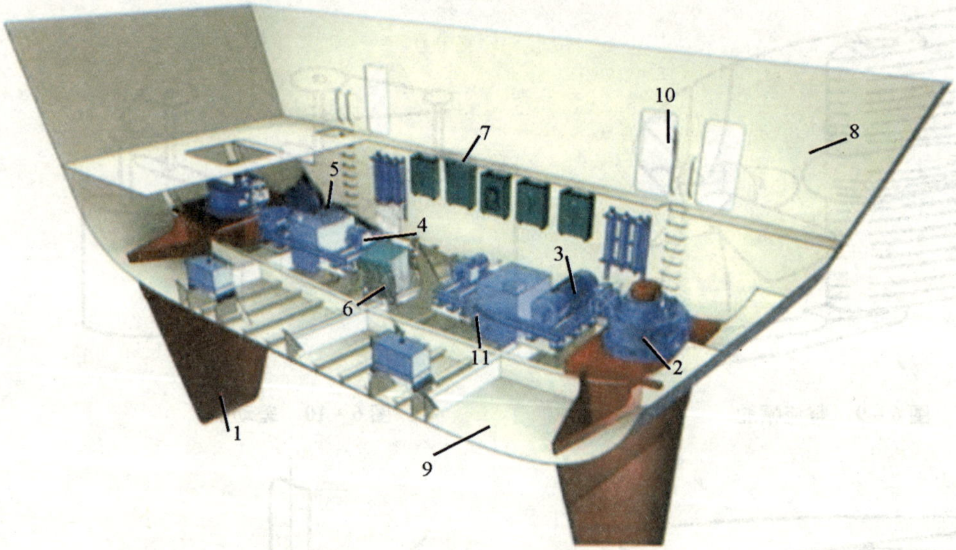

图 6－14　舵机舱设备布置图(1)

1—舵;2—舵机;3—电机;4—电力设备;5—液压油舱;6—紧急情况操纵台
7—电动机启动箱;8—横舱壁;9—船底;10—入口;11—液压油管线

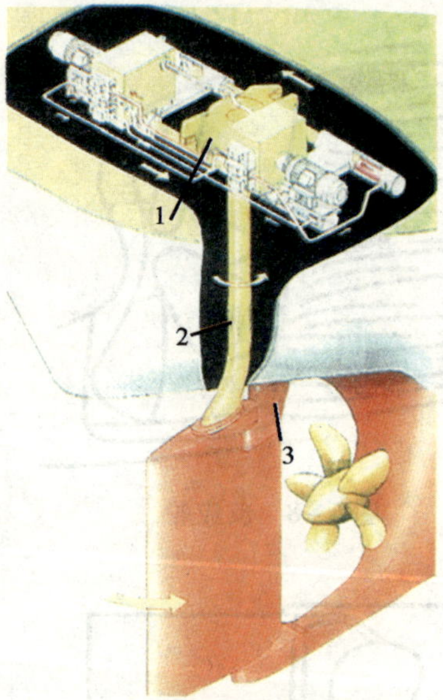

图 6－15　舵机舱设备布置图(2)

1—舵机;2—舵杆;3—挂舵臂

第三节 锚设备

锚泊又称抛锚系留，是船舶的一种停泊方式。船用锚是系住船舶的主要装置，其型式繁多，按其结构特征通常可分为转爪锚、固定爪锚和特种爪锚。转爪锚和固定爪锚又可分为无杆锚和有杆锚，特种锚的结构型式各不相同。

一、船用锚的型式

1. 无杆转爪锚

无杆转爪锚的型式最多，船舶的艏锚绝大多数采用无杆转爪锚。无杆转爪锚主要由锚头（锚爪）、锚柄、锚卸扣以及连接锚头和锚柄的小轴和横销等零件组成。目前常用的无杆转爪锚型式如图 6 – 16 ~ 图 6 – 19 所示。

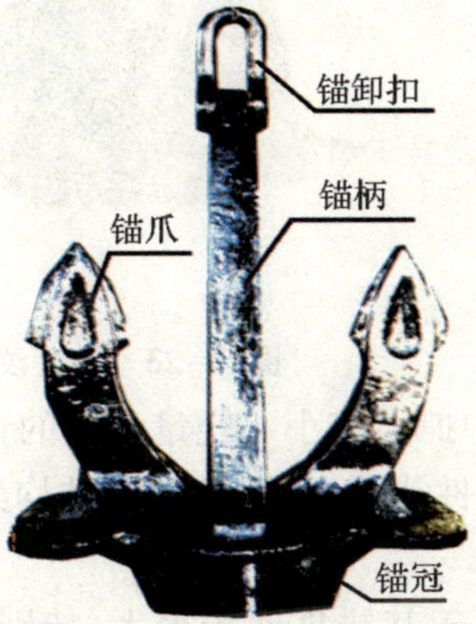

图 6 – 16　霍尔锚

图 6 – 17　斯贝克锚

图 6 – 18　AC – 14 锚

图 6 – 19　波尔锚

霍尔锚通常用作艏锚，这种锚对于各种泥、砂底质均有较好的适应能力，收藏方便。

斯贝克锚通常用作艏锚，基本性能同霍尔锚相似，但其最大特点是锚头重心略低于转轴（小轴），因此，锚吊起时，锚爪竖直与锚柄在同一平面上，特别适用于艏部线型较肥大的船舶，尤其适用于带球艏的船舶。

AC – 14 锚是大抓力锚，通常用作艏锚，性能十分优良，抓力大，适应各种泥、砂底质，稳定性好，收藏方便，在国内外各种大型运输船舶和舰船上得到了广泛使用。

波尔锚是大抓力锚，通常用作艏锚，也常用作工程作业船舶的工作锚，这种锚对于各种泥、砂底质均有较好的适应性，收藏也较方便。

2. 有杆转爪锚

有杆转爪锚主要由锚头(锚爪)、锚柄、锚横杆、锚卸扣以及其他连接零件组成。有杆转爪锚通常锚爪较长且面积较大、折角较小，因此在砂及硬泥中抓力较大，在淤泥中抓力较小。为了解决这一问题，某些有杆转爪锚采用改变折角的方法，在遇到淤泥的情况下将折角加大，以提高抓力。目前国内外常用的有杆转爪锚如图6-20～图6-23所示。

图6-20 轻量型锚

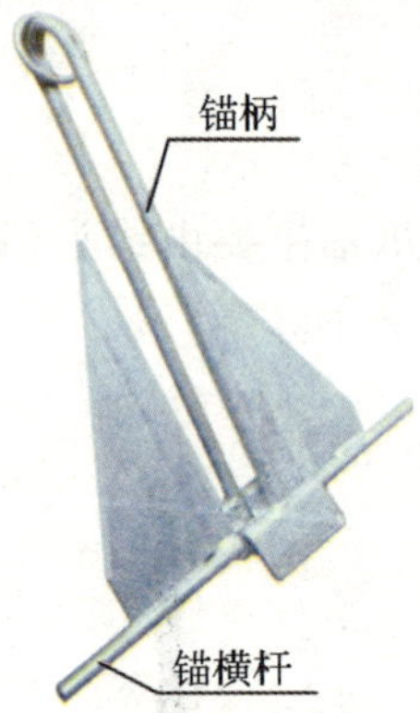

图6-21 丹福斯锚

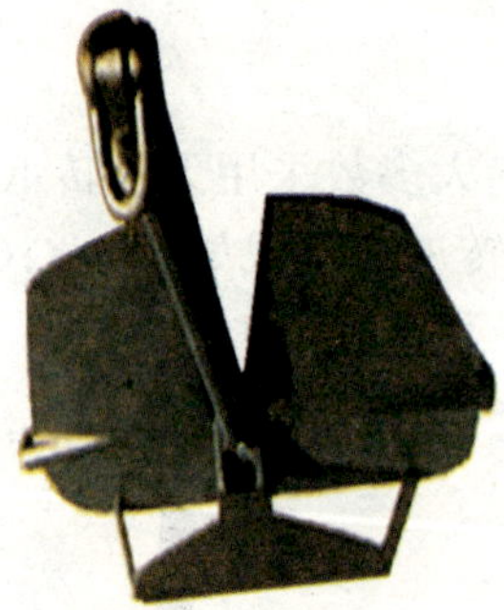

图6-22 斯蒂芙莫特锚

图6-23 斯蒂汶锚

轻量型锚(LWT锚)是大抓力锚，锚头处带有锚横杆以保持锚的稳定，适用于砂及硬泥底质，在淤泥中抓力较小。轻量型锚的锚爪很尖，容易啮入底土，收起后通常存放在锚架上。轻量型锚的锚爪、锚柄及锚横杆均为铸钢件，锚卸扣可为铸钢件或锻钢件，其余零件均为锻钢件。

丹福斯锚(Danforth Anchor)是铸钢大抓力锚，锚头处设锚横杆，折角为30°，其性能与轻量型锚相似。

斯蒂芙莫特锚(Stevmud Anchor)是大抓力锚，锚头为钢板焊接结构，横杆焊在锚爪上，折角为50°，由于其锚爪面积很大，特别适用于淤泥底质。

斯蒂汶锚(Stevin Anchor)是大抓力锚，锚头为钢板焊接结构，横杆焊在锚爪上连成一体，折角为32°或50°，以适应不同的底质。

3. 固定爪锚

固定爪锚的锚爪和锚柄制成一体，称为锚体，目前常见的固定爪锚有海军锚、四爪锚、单爪锚、布鲁斯锚等，如图6-24～图6-27所示。几乎大多数转爪锚都不适用于礁石底质，只有海军锚和四爪锚对于这类底质有较好的适应能力。

图 6－24　海军锚

图 6－25　四爪锚

图 6－26　单爪锚

图 6－27　布鲁斯锚

海军锚是有杆锚，其横杆设在靠近锚卸扣处与锚爪成交叉状。锚着地后，一旦受力，依靠横杆的支撑可使锚爪啮入底土。海军锚的锚体和横杆均为铸钢件。海军锚特别适用于砂、硬泥及砾石等底质，也可用于礁石底质。其缺点是始终有一个锚爪露在底土外，容易造成锚索的纠缠，甚至危及上面通过的船舶，造成船底破损，并且收放很不方便。因此除非特别需要，目前已很少采用海军锚。

四爪锚是没有横杆的小船用锚，一般质量较小，锚体为锻钢件，这种锚特别适用于砂、硬泥、砾石以及礁石等底质。

单爪锚形状如同切去一只锚爪的海军锚，性能亦同海军锚相似。锚体和横杆均为铸钢件，单爪锚抛锚时必须吊住锚头，使锚爪向下，缓慢地放到水底。

布鲁斯(Bruce)铸钢锚的锚爪有三个齿，不设横杆。锚体为合金铸钢件，能适应砂、硬泥及淤泥等各种底质。据介绍其抓力可达 40 倍锚重，且不随锚重的增加而有所降低。

二、锚设备的组成

锚设备的主要组成部分有：锚、锚索(链)、锚链筒、掣锚器、掣链器、导链滚轮、导索(链)器、起锚机械、锚链管、锚链舱和弃链器，如图 6－28所示。

锚　啮入水底泥土产生抓力，平衡船舶所受的外力。

锚索(链)　连接锚与船体的绳索(或链条)，用于系锚并传递锚的抓力。

锚链筒　从舷外引导锚链至甲板，收锚后储存锚柄及部分锚链。

掣锚器　当起锚后掣锚链条或链钩可借松紧螺旋扣使锚紧贴船体。

掣链器　止住锚链并将力传递给船体，使锚机不处于受力状态。

导链滚轮、导索（链）器　导引锚链，减少锚链与锚链筒之间的摩擦，防止锚链翻滚。

起锚机械　抛锚与收锚用的动力机械。

锚链管　引导锚链进出锚链舱。

锚链舱　储存锚链。

弃锚器　平时固结锚链的末端链环，紧急时打开以抛弃锚和锚索（链）。

艏部锚设备（其组成如图 6－29 所示）通常采用无杆转爪锚和电焊有挡锚链，锚的质量和数量以及锚链的规格和长度均按照船级社规范确定。海洋民用船舶极少设置艉部锚设备，尤其是运输船舶一般不设。若需要设置艉部锚设备时，可同艏部锚设备一样配置，采用无杆转爪锚和锚索（链），设置锚链筒、掣链器、锚机和锚链舱等。

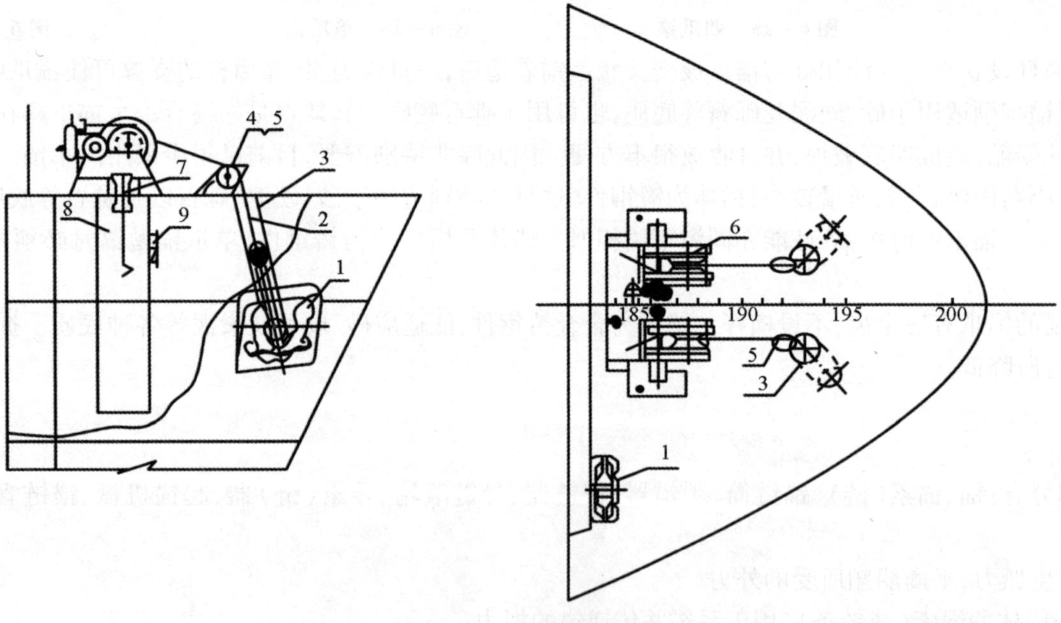

图 6－28　锚设备的组成

1—锚；2—锚索（链）；3—锚链筒；4—导链滚轮；5—掣链器；6—锚机；7—锚链管；8—锚链舱；9—弃锚器

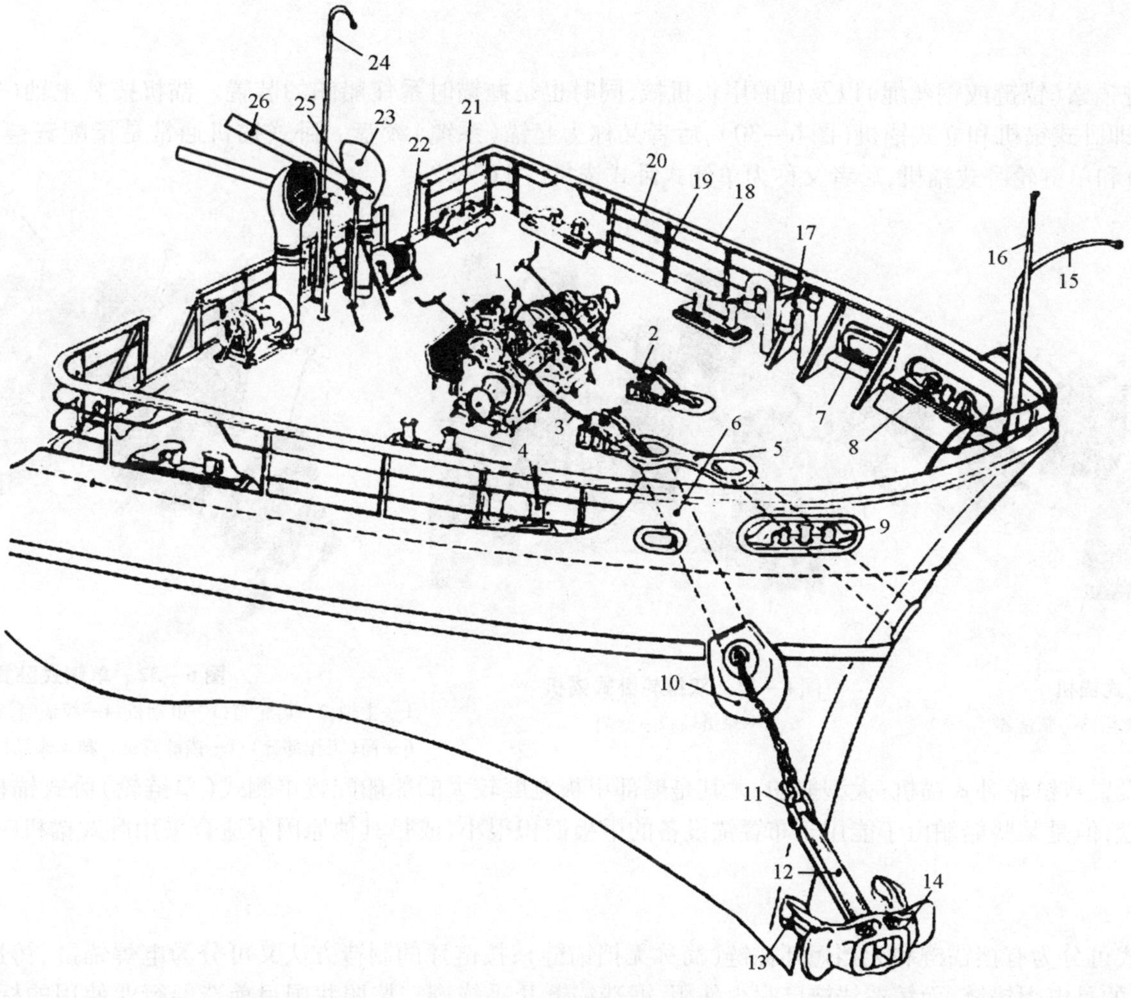

图 6－29　艏部锚设备组成

1—锚机；2—掣链器；3—锚链；4—双柱带缆桩；5—锚链筒甲板法兰；6—锚链筒；7—导缆孔；8—导缆钳；9—艏导缆钳；10—锚穴；11—锚卸扣；12—锚柄；13—锚爪；14—锚冠；15—吊锚杆；16—旗杆；17—通气测深两用管；18—扶手；19—栏杆立柱；20—栏杆；21—甲板端导缆钳；22—绳车；23—喇叭形通风筒；24—灯柱；25—吊杆支托架；26—吊杆

三、锚机

锚机是放出或收进锚索(锚链或钢丝绳)以及锚的甲板机械,同时也是抛锚时系住船舶的装置。锚机按其主轴(安装链轮或滚轮的轴)的方向可分为两大类,即卧式锚机和立式锚机(图 6－30),后者又称为起锚(系缆)绞盘。卧式锚机通常是指配置链轮的锚机,可分为双链轮卧式锚机(图 6－31)和单链轮卧式锚机,后者又称为单侧式卧式锚机(图 6－32)。

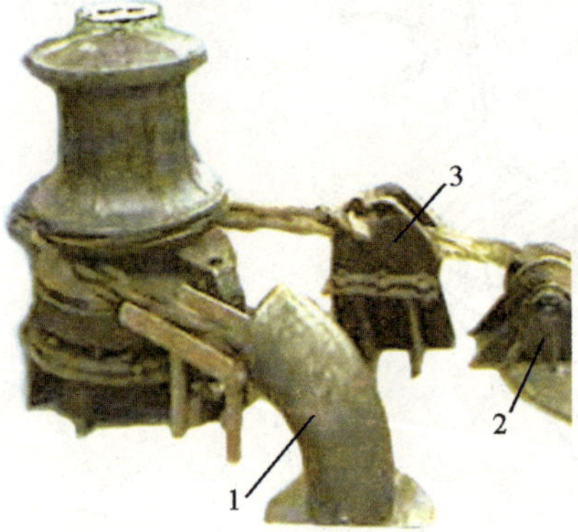

图 6－30　立式锚机

1—锚链管;2—导链滚轮;3—掣链器

图 6－31　双链轮卧式锚机

1—掣链器;2—滚筒

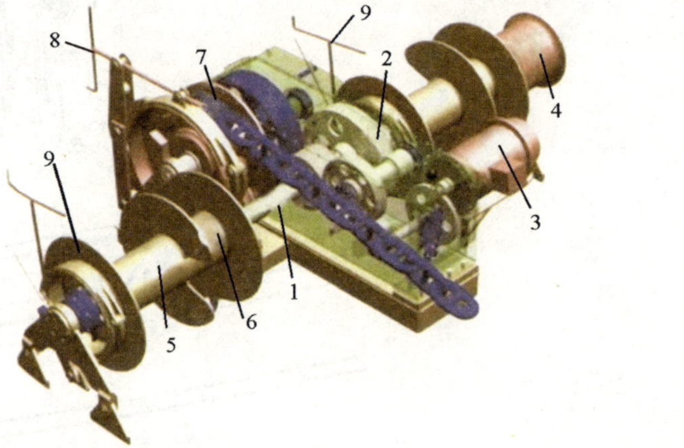

图 6－32　单侧式卧式锚机

1—主轴;2—齿轮箱;3—电动机;4—绞缆筒;5—筒(储存部分)

6—筒(工作部分);7—锚链轮;8—刹车操纵杆;9—带有操纵杆的离合器

中小型船舶一般设置双链轮卧式锚机;大型船舶,尤其是艏部甲板宽度较大的船舶配置单侧式(单链轮)卧式锚机较为合适。运输船舶很少使用立式起锚绞盘,但是某些船舶由于能用于布置锚设备的甲板面积很小,或是其他原因不适合采用卧式锚机时,应使用立式绞盘。

四、锚链

船用锚链按其型式可分为有挡锚链和无挡短环锚链(简称无挡锚链);按链环的制造方法又可分为电焊锚链、铸造锚链和锻造锚链。在现代造船中,使用最多的是电焊锚链,而铸造锚链已很少使用,锻造锚链几乎绝迹。按照我国目前造船行业使用的标准,电焊锚链分为两种型式:A 型——有挡锚链;B 型——无挡锚链。组成电焊锚链的链环及附件的种类有:有挡普通链环、无挡普通链环、加大链环、末端链环、连接卸扣、肯特卸扣、末端卸扣、转环、转环卸扣,如图 6－33 ~ 图 6－44 所示。

图 6－33　有挡锚链

图 6－34　无挡锚链

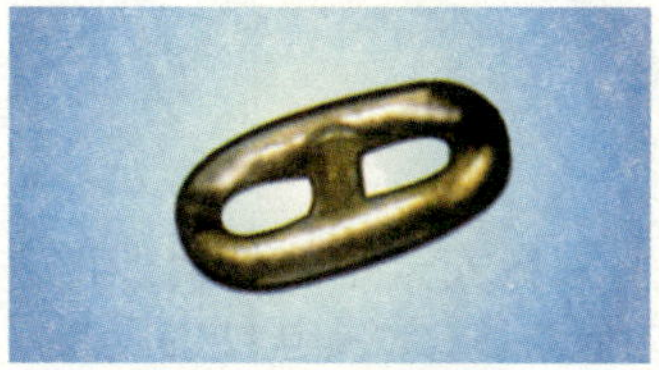
图 6－35　有挡链环

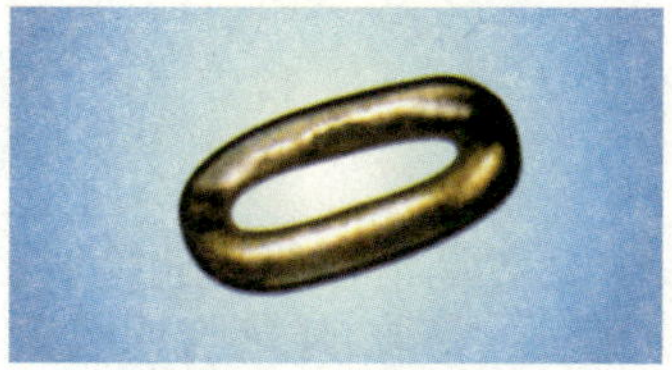
图 6－36　无挡链环

图 6－37　连接卸扣

图 6－38　末端卸扣

图 6－39　肯特卸扣

图 6－40　转环

图 6－41　转环卸扣

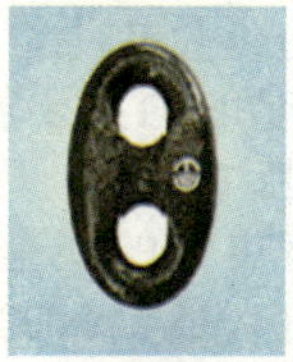
图 6－42　肯特式连接链环

图 6－43　加大链环

图 6－44　末端链环

一根完整的锚链通常分为若干节，其中一端是同锚连接的锚端链节(图 6－45)，另一端是固定在锚链舱内的末端链节(图 6－46)，两者之间则是若干中间链节(图 6－47)。链节与链节之间用肯特卸扣或连接卸扣连接。采用肯特卸扣连接的锚链在通过锚链筒、掣链器及链轮时阻力较小，而采用连接卸扣连接的锚链则相应阻力较大，但在使用上后者比前者更加可靠。

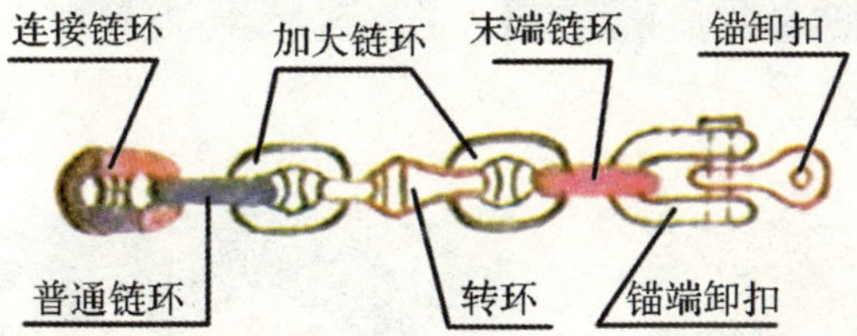

图 6－45　锚端链节

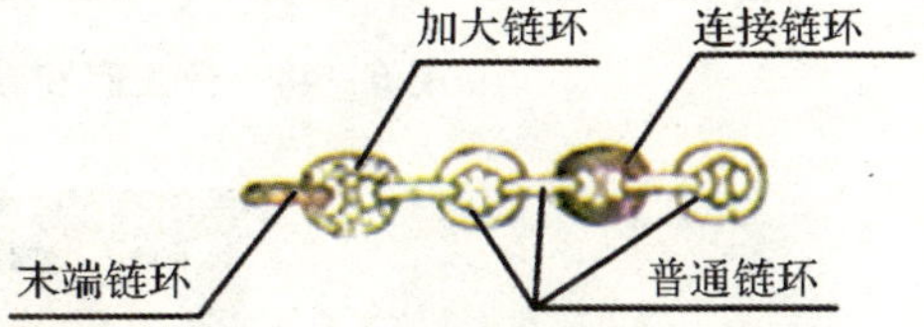

图 6－46　末端链节

图 6－47　中间链节

由于现代船舶按船级社规范配置的锚链长度均为 27.5 米的整数倍，因此，在锚链配套时，除中间链节长度(包括肯特卸扣或连接卸扣在内)通常为 27.5 米外，锚端链节和末端链节的长度最好也是 27.5 米。

第四节　救生设备

救生设备是指在船舶遇险时，使船上人员安全迅速撤离船舶并在水上维持生命的专用设备的总称。它包括救生载具，个人救生设备，视觉信号，存放、登乘、降落与回收设备，抛绳设备，无线电救生设备及通用应急报警系统与有线广播系统。

一、救生载具

救生载具是指救生艇、救生筏、救助艇及救生浮具等。图 6－48 所示为几种救生艇和救助艇。图 6－49 所示为救生筏。救生艇是指从弃船时起能维持遇险人员生命的艇，是船舶的主要救生载具。救生艇的内部座位下面装有自然浮力材料，当艇全部灌满水时具有不会沉没的功能。全封闭救生艇还具有倾覆后自动扶正至正浮状态的功能。艇内备有一定数量的粮食、饮用水、桨、篙等属具。救生艇具有良好的浮性、稳性等航海性能，比其他救生工具有更大的安全性，但它的质量较大，所占甲板面积与空间较大。

救生筏是指从弃船时起能维持遇险人员生命的筏。救生筏在遇难船舶救生方面起着重要作用，它的重要性仅次于救生艇。在某些突发情况下（如船舶突然沉没时），救生筏能快速自动充气，自动浮起。此外，还具有质量轻、储存体积小、维修保养简便、经济性好等优点。

救助艇是指用于救助遇险人员并起着集结救生艇、救生筏作用的艇。通常为开敞式方尾机动艇，设有拖带装置以及桨等必要的属具。

图 6－48　救生艇和救助艇

救生浮具主要有救生浮和救生凳等。救生浮是一个用钢质空气箱或泡沫塑料包以帆布、玻璃纤维增强塑料等制成的矩形或椭圆形的浮体。救生凳是指在应急时可兼作救生浮具的木质凳椅或箱状物，平时当座椅，遇险时抛入水中。

图 6－49　救生筏

二、吊艇架

救生艇必须配备专用的吊艇架，用以吊放和收进救生艇。常见的吊艇架有重力倒臂式吊艇架（图 6－50）、单臂回转式吊艇架（图 6－51）、平台式吊艇架（图 6－52）、自由降落式吊艇架（图 6－53）。

图 6－50　重力倒臂式吊艇架

图 6－51　单臂回转式吊艇架

图 6－52　平台式吊艇架

图 6－53　自由降落式吊艇架

第五节　起货设备

船舶常用的起货设备主要有两类，即船用起重机（俗称克令吊，如图 6－54 所示）和吊杆起货设备（如图 6－55 所示）。其中吊杆起货设备中千斤索在吊货时能够保持吊杆的吊举角不变，吊杆的回转可操作吊杆牵索实现。

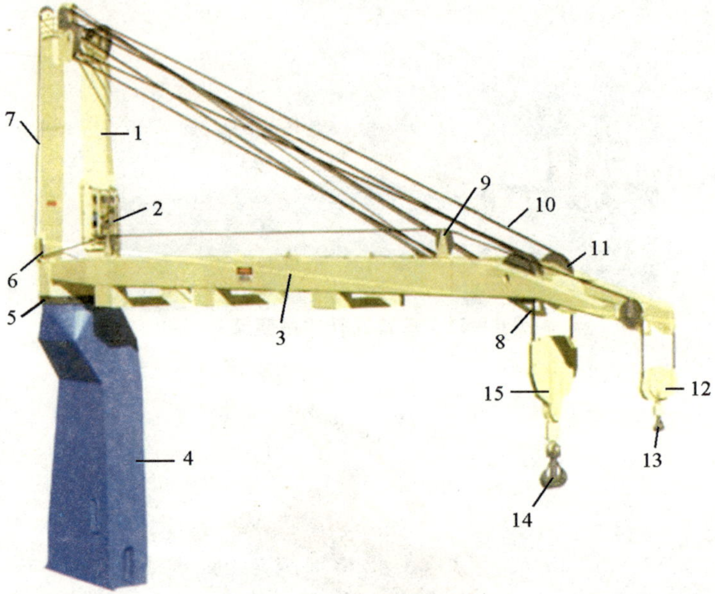

图 6－54　船用起重机

1—塔身；2—操纵间；3—悬臂；4—中心柱；5—旋转轴承；
6—悬臂转点；7—辅助起重设备；8—起重安全设备；
9—支撑滑轮；10—钢索；11—滑车；12—轻货物起吊滑车；
13—轻货物起吊吊钩；14—重货物起吊吊钩；
15—重货物起吊滑车

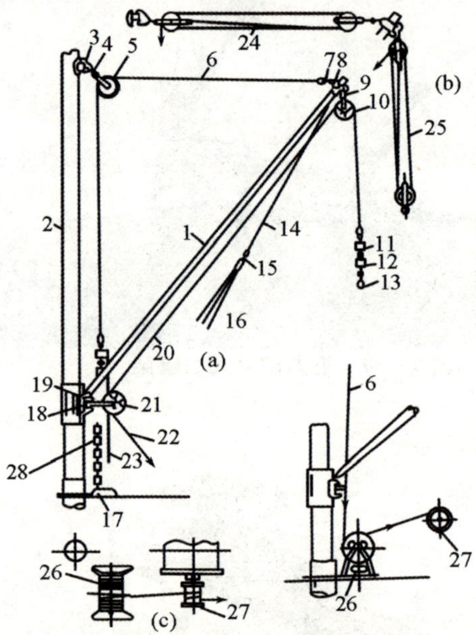

图 6－55　吊杆起货设备

（a）带有单根吊货索和单根千斤索的吊杆起货设备；（b）带有起货滑车组和千斤索滑车组的吊杆起货设备；
（c）带有千斤索绞车的吊杆起货设备

1—吊杆；2—桅杆；3—千斤索眼板；4，7，9，15—索具卸扣；5—千斤索滑车；6—千斤索；8—吊货眼板；
10—起货滑车；11—平衡锤；12—转环；13—吊货钩；14—吊杆牵索；16—吊杆牵索滑车组；
17—千斤索甲板眼板；18—吊杆座；19—支承转轴；20—吊货索；21—导向滑车；22—通向绞车的绳端；
23—通向开口的滑车绳端；24—千斤索滑车组；25—起货索滑车组；26—千斤索定位绞车；
27—绞车的系缆滚筒；28—吊杆定位链

第六节　舱　口　盖

货舱舱口盖是船上货舱区域甲板开口的关闭装置，属于货物垂向装卸的通道设备。近代钢质货船中常用的舱口盖有吊离式、单拉式、折叠式、侧移式和背载式五种。

一、吊离式舱口盖

吊离式舱口盖（图6－56）的各块盖板之间既无连接装置又无传动装置，盖板上装有起吊眼板或集装箱起吊底座，用船上、岸上起货设备或集装箱吊架直接将盖板吊离。盖板可堆放在相邻的舱口盖顶板上，也可堆放在码头上。

二、单拉式舱口盖

单拉式舱口盖（图6－57）由艏端盖板、艉端盖板及多块中间盖板组成。在盖板两侧装有偏心轮（或滚轮）、平衡轮、衔接器及顶升眼板。各盖板的平衡轮之间由链条连接。启、闭舱口盖的钢索或传动链系于艏端盖板。开舱时，拉动艏端盖板就会带动所有盖板运动。盖板先借助滚轮在舱口围板的面板上滚行，而后平衡轮沿导板上升，偏心轮则沿导板下滑，盖板自行翻转，继续滚行，直至所有盖板收藏于舱口端部。

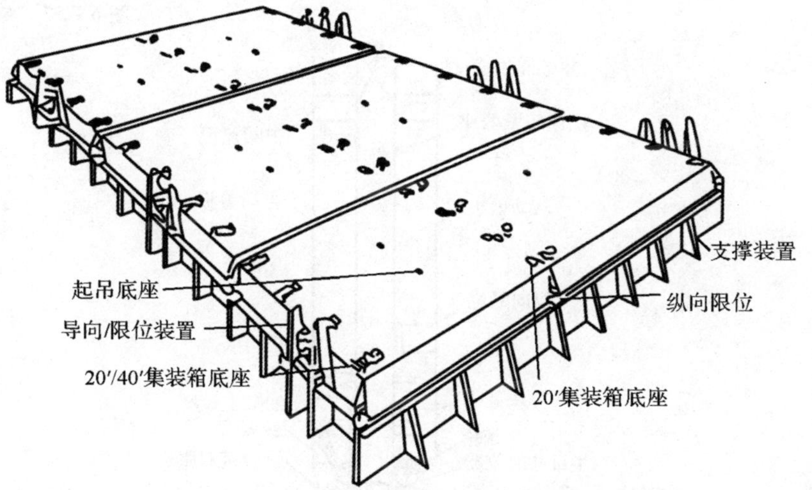

图6－56　吊离式舱口盖

三、折叠式舱口盖

折叠式舱口盖（图6－58）一般由两块盖板组成，称为单对折叠式。盖板之间用铰链连接，近舱口端两侧设置滚轮。开启过程中，主动盖板绕端铰链轴旋转，并将从动盖板的滚轮拉上轨道，直到两块盖板相互折叠在一起，收藏于舱口端部之外、舱口围板的面板上方。由两对或两对以上的盖板组成的折叠式舱口盖称为多对折叠式舱口盖。各种盖板之间用拖曳眼板连接。开启时，逐对依次折叠。

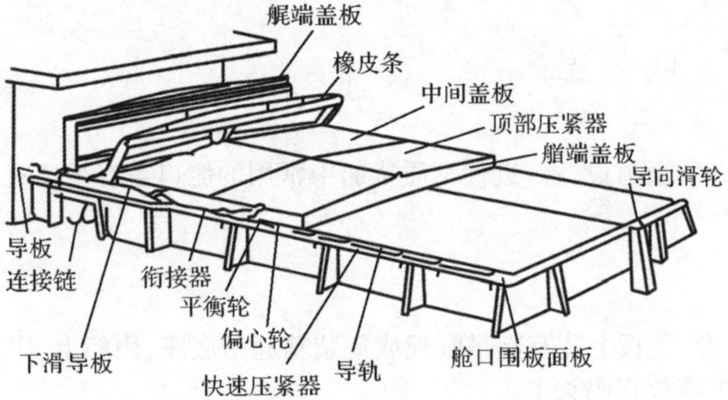

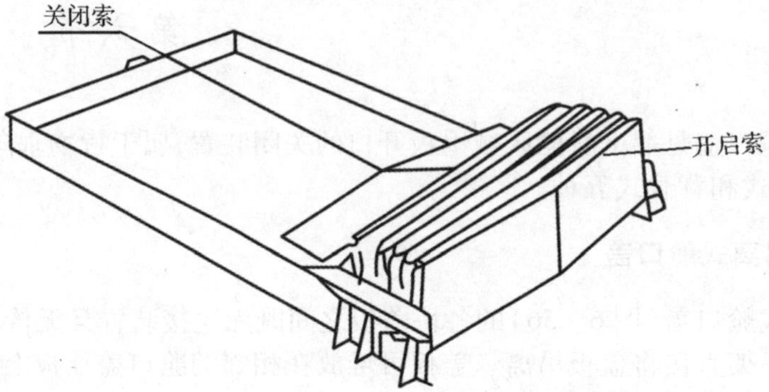

图 6－57　单拉式舱口盖

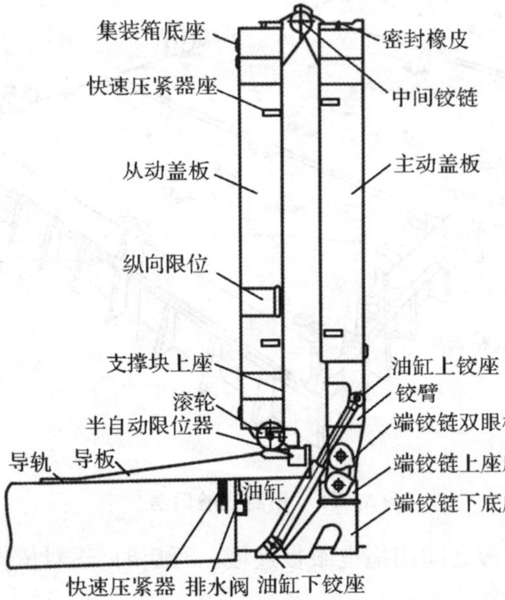

图 6－58　折叠式舱口盖

四、侧移式舱口盖

侧移式舱口盖（图 6－59）通常由一块或两块盖板组成，舱口盖上设有滚行装置、顶升装置、密封装置、连接装置、限位装置及驱动装置。盖板水平滚移，收藏于舱口侧部外导架处。两块盖板组成侧移式舱口盖，盖板间接缝纵向设置，左右盖板分别向两侧开启。

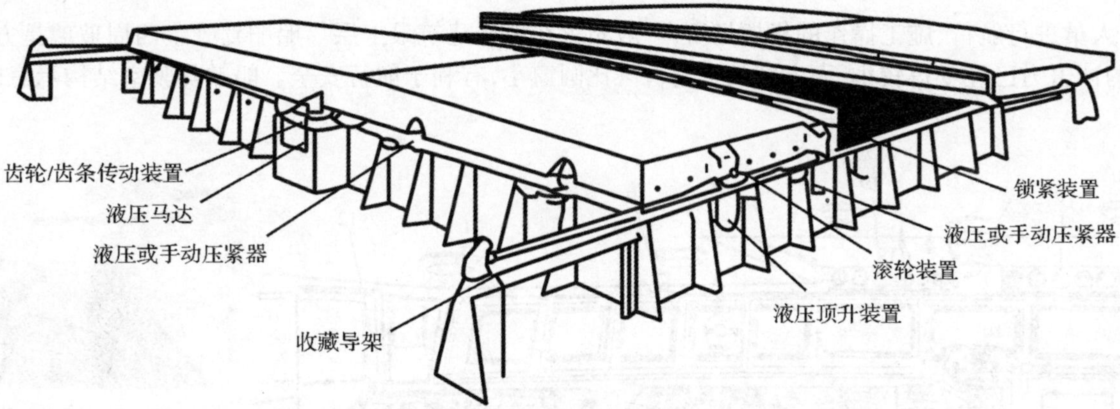

图 6－59　侧移式舱口盖

五、背载式舱口盖

背载式舱口盖（图 6－60）又称提升－滚移式舱口盖，是由滚移式舱口盖演变而成的一种型式。盖板成对滚移，其中一块为动力盖板，外侧装有滚轮，滚轮下均设低顶升油缸，滚轮顶起后，可在轨道上滚行；另一块为无动力盖板，外侧装有伸举臂，四只竖立的高顶升油缸装在外伸臂下方的舱口围板旁。当无动力盖板被油缸升起足够高度时，动力盖板滚移到它下方，然后放低无动力盖板，动力盖板便可背载无动力盖板，两块一起滚移至收藏位置。

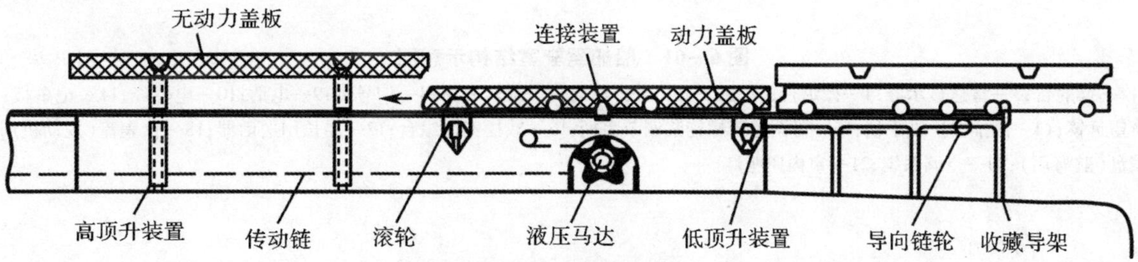

图 6－60　背载式舱口盖

第七节　船舶驾驶室

船舶驾驶室是工作人员进行航行、施工操作的指挥场所，一般布置在上层建筑最上层。船舶驾驶室四周玻璃是方形而不是圆形的，主要是因为驾驶室较高，浪的冲击力已经变得较小，而方窗的视角盲区比圆窗小，有利于航行安全。船舶驾驶室结构示意图如图 6－61 所示。

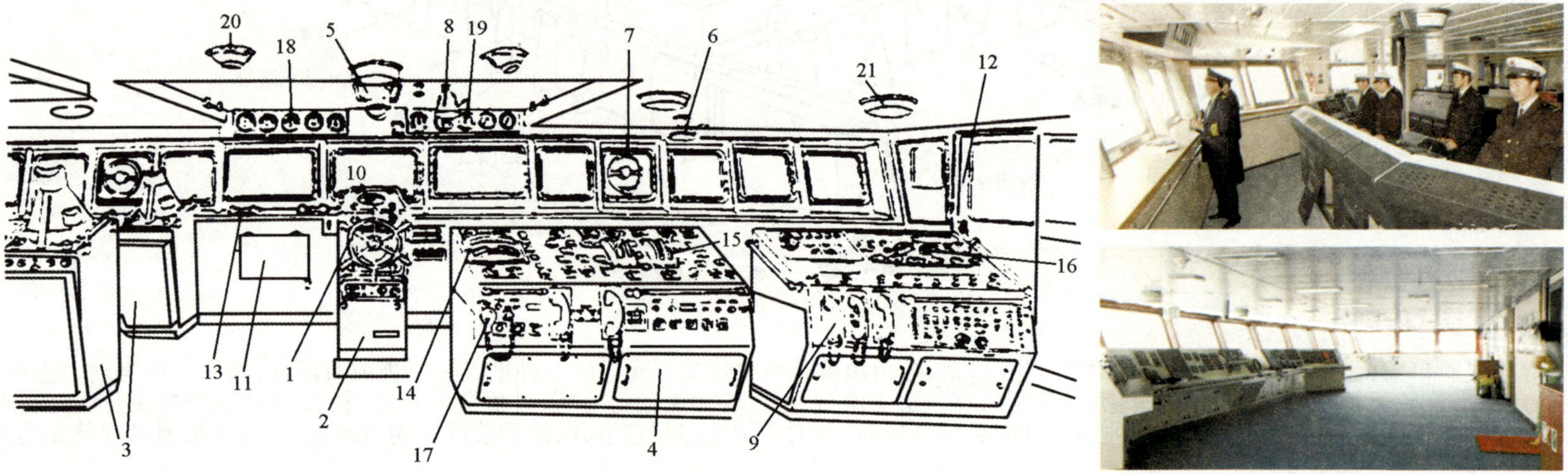

图 6－61　船舶驾驶室结构示意图

1—舵轮；2—操舵台；3—雷达显示器；4—操纵台；5—磁罗经；6—传话筒；7—旋转视窗；8—信号钟；9—电话；10—电罗经；11—记事板；12—门；13—双筒望远镜；14—侧推器操纵手柄；15—可调螺距螺旋桨调节手柄；16—减摇鳍操纵台；17—船长用送话器；18—仪表盘（发动机用）；19—仪表盘（航海用）；20—空调系统；21—室内照明灯

第八节 舰载雷达

雷达在军事上起着十分重要的作用，一艘现代化军舰上所装的雷达一般不下七八部，多的甚至有二三十部。舰载雷达按其所担负的任务分为多种，主要有：对空对海警戒雷达，主要任务是发现远距离的飞机、舰艇和导弹，测定它们的位置，并及时把情报送达战斗部队；导航雷达，主要用于保障舰船航行安全，防止碰撞，并根据地物目标测定船位，进行导航；引导指挥雷达，又称监视雷达，用来引导我机进入敌机所在空域，占据有利阵位并对敌机实施攻击；炮瞄雷达，又称火炮控制雷达，是一种精确度很高、具有自动跟踪目标能力的雷达，并不要求有太远的作用距离，只需略大于火炮有效射程和满足射击准备时间即可；制导雷达，制导雷达和炮瞄雷达二者统称火控雷达，同属精密跟踪雷达，制导雷达用于控制己方导弹准确地飞向目标；三坐标雷达，又称一维电扫描雷达，即在水平方向（方位角）上进行机械扫描，垂直方向（高低角）上进行电扫描，从而可获得目标的距离、方向和高度信息，由于它比其他二坐标雷达（仅提供方位和距离信息的雷达）多提供了一维高度信息，使其在舰载雷达中的地位更为重要，成为对飞机引导作战的关键设备，此类雷达主要用于引导飞机进行截击作战和给武器系统提供目标指示数据。图 6－62 所示为舰载雷达结构简图。

此外，舰上装设的雷达还有测高雷达、探照灯雷达、气象雷达、截击瞄准雷达、轰炸瞄准雷达、着陆雷达、潜望镜雷达和敌我识别器等多种。

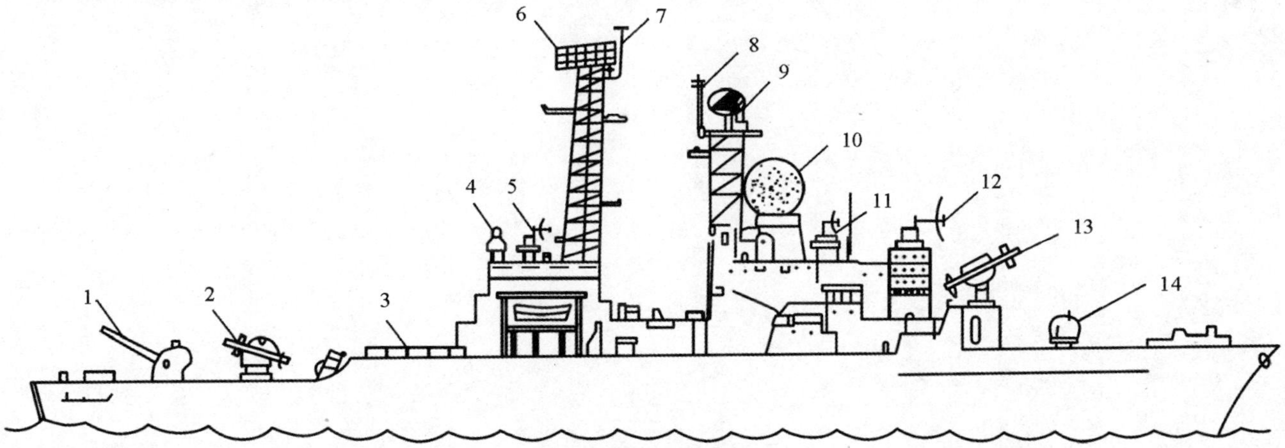

图 6－62 舰载雷达

1—火炮；2—导弹发射器；3—直升机平台；4—导弹制导雷达；5—炮瞄雷达；6—对空警戒雷达；7—敌我识别器天线；8—对海警戒雷达；9—导航雷达；10—三坐标雷达；11—炮瞄雷达；12—导弹制导雷达；13—导弹发射器；14—火炮

参 考 文 献

[1] 刁玉峰. 船舶舾装工程[M]. 哈尔滨:哈尔滨工程大学出版社,2006.

[2] 刘雪梅. 船舶原理[M]. 哈尔滨:哈尔滨工程大学出版社,2005.

[3] 邱垂锡. 船体各部分名称[M]. 台北:徐氏基金会出版社,1978.

[4] 魏莉洁. 船舶结构与制图[M]. 北京:人民交通出版社,2006.

[5] Klaas Van Dokkum. Ship Knowledge[M]. 6th ed. Enkhuizen:Dokmar,Maritime Publishers B V ,2008.